לְמַד עִבְרִית

Learn

HEBREW

A COMPREHENSIVE
COURSE
IN MODERN HEBREW

Isaac Yetiv, Ph.D.
Associate Professor,
University of Hartford

Shilo Publishing House, Inc.

Preface

The appearance of a Modern Hebrew textbook requires some explanation of its purpose and aim and of the features which make it distinctive. Ever since the establishment of the State of Israel, interest in the study of Hebrew as the modern, living language of the State has become more and more apparent amongst increasingly larger circles of both young and old. Student interest at campuses all over the country has resulted in the offering of new Hebrew courses. However, most of the existing textbooks are either simple grammar books or compilations of texts useful only to those who have some previous knowledge of Hebrew. In my experience as a teacher of Hebrew in American universities, I have become aware, like my colleagues, of the lack of a suitable textbook designed for the genuine adult beginner. The present book, written in response to the urging of colleagues and of interested organizations, is my attempt to teach the living and spoken language on the basis of a rational strategy, with a systematic, methodical introduction to the verb-system and other basic structure-patterns of the language.

Designed as it is for complete beginners, this book serves three purposes. It gives systematic coverage of the work done in the first and second semesters in colleges and universities. It can be adapted with equal benefit as the guide of the Hebrew courses taught in High Schools. Finally, it can be used for self-teaching by strongly-motivated adults, since it is entirely comprehensive and requires not even a dictionary.

The novelty of the *method* of this book is in its combination of the following three features:

(1) It is *inductive* — the point of departure is a complete text (or, in the first lessons, a sentence), but *never an isolated word*. This conforms with the modern linguistic approach, which teaches that the student should be trained to reproduce complete structures in the foreign language.

(2) It is *cumulative* — It is highly desirable for the student to repeat a good deal. The process of learning is like that of constructing a building. We cannot build a tall structure on a narrow foundation. The higher we build, the deeper and wider the foundations must be. Learning, like building, is bi-dimensional — in going further, we must always base additions on the original foundations.

(3) It is *selective* — the student, in an attempt to assimilate everything at once, tends to drown in a surfeit of detail. We have therefore concentrated in the present book, on the most *basic* and *regular* structures and word-forms. The verb-pattern studied is the simplest, the 'qal' form.

In order to avoid confusion, we have throughout the book printed both the letter ת *and the letter* ת *without* the '*dagesh*'; in Modern Hebrew both are pronounced identically (and written identically in unvowelled texts).

The *structure* of the book is as follows: First come the basic elements of the language — its alphabet, consonants and vowels, together with the guidance required to help the student read correctly. This is followed by 24 text-units of conversational Hebrew, each with *model sentences, dialogues,* and *narrative* texts. Every Hebrew text is translated into English; in the first nine text-units the English follows the Hebrew line by line; in the subsequent texts the entire Hebrew passage is translated as a whole. Then come an explanatory section called '*New Forms and Grammar Rules*', and a section of carefully-selected exercises called '*Apply and Practice*'.

The English translation throughout is literal and not literary, since its purpose is to aid the student to master foreign structures. Thus, for example, a sentence on page 24 begins, 'Also Sarah is', and another one, on page 94 uses the words, 'the order of the day', instead of 'the agenda'.

In order to eliminate as far as possible the difficulties caused by inevitable variations in idiomatic expressions, the following system is used: words that are needed in English text but are not in the original Hebrew, are enclosed in brackets. Thus in an example on page 36, the phrase אֲנִי גּוֹמֶרֶת אַחֲרֵי הַצָּהֳרַיִם. is rendered, 'I finish [in the] afternoon', because 'in the' has no equivalent in the Hebrew. Conversely, words translated literally from the Hebrew, which are not expressed in idiomatic English, are enclosed in parentheses". Thus, in another example on page 35, the phrase הַאִם אַתְ לוֹמֶדֶת כָּל הַיוֹם? is translated, 'Do you study all (the) day?' because 'the' is present in the equivalent Hebrew text but not in the English.

The vocabulary is found of course in every translation. It is also listed systematically at the end of the book; the English-Hebrew vocabulary in alphabetic order, and the Hebrew-English in natural groupings which demonstrate the different 'paradigms' of a Semitic language.

V

In the study of a foreign language, special emphasis should be placed on the forms that 'clash' with those of the mother-tongue; the 'non-clashing' structures will take care of themselves.

I would warmly welcome and sincerely appreciate any comment and criticism from colleagues and students.

Hartford, Conn., March 1973

Isaac Yetiv

CONTENTS

INTRODUCTION

Hebrew is a Semitic language and as such, it has four main characteristics:

1) It is written from right to left.

2) All its letters are consonants. The vowels consist of signs, points and dashes, written below or above the letters.

3) Most of the words have a three-letter root, except a few which have a four-letter root.

4) Some consonantal sounds, especially the guttural ones, are difficult to pronounce correctly. Therefore constant practice will be necessary.

THE CONSONANTS:

There are 22 basic letters in the Hebrew Alphabet. As a point of fact, however, there are a number of variations in some of these forms. These are all fully explained in the following list, where you will find given in this order: the printed letter, its cursive (hand-written) form, its Hebrew name,[1] and its English transcription. Explanatory notes are given whenever necessary.

---

(1) For the pronunciation of English vowels used for transcription of Hebrew letters in this book see p. 5 (vowels).

1

Sephardic Pronunciation (as spoken in Israel)	Name		Cursive	Printed
There is no equivalent in English. Without a vowel this letter is silent. With a vowel, the combination has the sound of the vowel only.	ALEF		א	א
	BET	b	בּ	בּ
	VET	v	ב	ב
As in *get* or *give*	GIMMEL	g	ג	ג
	DALET	d	ד	ד
As in *home* or *hot*	HEY	h	ה	ה
	VAV	v	ו	ו
	ZAYIN	z	ז	ז
There is no equivalent in English. The nearest sound will be found in *horse, house*, pronounced strongly, as Englishmen do. A capital "H" will be used in this book for the English transcription.	HET	H	ח	ח
	TET	t	ט	ט
As in *yard, yellow*	YOD	y	י	י
	KAF	k	כּ	כּ
For grammatical reasons the כּ (k) loses its *dagesh* (the dot inside the letter) and becomes "kh" as in Scottish: *loch*.	KHAF	kh	כ	כ

Sephardic Pronunciation (as spoken in Israel)	Name		Cursive	Printed
At the end of a word. (In Hebrew "*Sofit*" means "final").	KHAF-SOFIT	kh	ך	ך
	LAMED	l	ﴤ	ל
	MEM	m	N	מ
At the end of a word.	MEM-SOFIT	m	ﬦ	ם
	NUN	n	ﬨ	נ
At the end of a word.	NUN-SOFIT	n	ﬧ	ן
As in *sand*	SAMEKH	s	O	ס
There is no equivalent in English. This is a guttural letter, difficult to pronounce. This letter will be transcribed as â.	AYIN		ﬠ	ע
	PE	p	ﬤ	פ
	FE	f	ﬦ	פ
At the end of a word.	FE-SOFIT	f	ﬥ	ף
	TSADE	ts	3	צ
At the end of a word.	TSADE-SOFIT	ts	ﬧ	ץ
In modern Hebrew this letter is pronounced as "k", although the original semitic pronunciation is different (more guttural). In order to avoid spelling mistakes, we use the sign "q" for "qof".	QOF	q	ﬥ	ק

Sephardic Pronunciation (as spoken in Israel)	Name		Cursive	Printed
	RESH	r	ר	ר
The dot is above the letter at the right	SHIN	sh	שׁ	שׁ
The dot is above the letter at the left	SIN	s	שׂ	שׂ
	TAV	t	ת	ת

According to the above list, the following letters have the same pronunciation:

; (k) ק and כּ ; (v) ו and ב

; (s) שׂ and ס ; (t) ת and ט

Modern Hebrew uses the letters ג, ז, צ with the addition of a stroke for the transcription of foreign words:

ג׳ for “j” as in English “George”

ז׳ for “j” as in French “journal”

צ׳ for “ch” as in English “check”

THE VOWELS:

These are the standardized rules for the transcription of the vowels. In this book we shall use the five vowels a, e, i, o, u, pronounced as in Spanish or in Italian, i.e., one sound for each vowel, and one vowel for each sound:

a — as in *car, father,* (not as in *all, make* or *cat*)

e — as in *pet, check* (not as in *Peter*)

i — as in *machine, beat*

o — as in *more*

u — as in *suit, truth*

The Hebrew language has these five basic sounds for its vowel system. For each vowel, there are two signs, one for the long vowel and one for the short vowel. In Modern Hebrew the difference in pronunciation is almost non-existent.

The symbol ☐ represents any letter.

Basic Sound	long		short	
a	kamats	☐ָ	pataH	☐ַ
e	tserey	☐ֵ	segol	☐ֶ
i	Hirik	☐ִי	Hirik	☐ִ
o	Holam	☐וֹ ☐ֹ	kamats katan	☐ָ
u	shuruk	☐וּ	kubuts	☐ֻ

To these we must add the *shva* (☐ְ) which marks the lack of any of the above mentioned vowels. For example, the word *short* will be transcribed into Hebrew שׁוֹרְטְ , having a *shva* below the ר and ט .

5

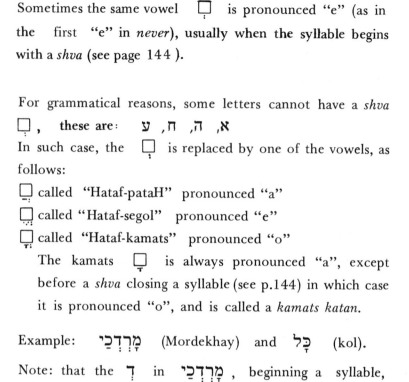

Sometimes the same vowel □ְ is pronounced "e" (as in the first "e" in *never*), usually when the syllable begins with a *shva* (see page 144).

For grammatical reasons, some letters cannot have a *shva* □ְ , these are: א, ה, ח, ע

In such case, the □ְ is replaced by one of the vowels, as follows:

□ֲ called "Hataf-pataH" pronounced "a"

□ֱ called "Hataf-segol" pronounced "e"

□ֳ called "Hataf-kamats" pronounced "o"

The kamats □ָ is always pronounced "a", except before a *shva* closing a syllable (see p.144) in which case it is pronounced "o", and is called a *kamats katan.*

Example: מָרְדְכַי (Mordekhay) and כָּל (kol).

Note: that the דְ in מָרְדְכַי , beginning a syllable, is pronounced "de" as the first "e" in *never.*

The letters הַ, חַ, עַ at the end of a word, are pronounced אַה, אַח, אַע respectively

Example: גָבוֹהַ פּוֹתֵחַ, יוֹדֵעַ,

READING, WRITING, AND TRANSCRIBING:

As in Israel, we shall read texts with printed letters but shall write in cursive letters. This is why a full knowledge of both is necessary for efficient learning. As for the vowels, it is necessary to learn their pronunciation, which is presented here in the very simplified form of five basic sounds plus a *shva*. How to use the vowels correctly, (i.e., when ☐ and when ☐ for "a" or when ☐ and not ☐ for "e") is a difficult problem, not only for foreigners but also for native Israeli high-school and college students and even teachers. This is why printed literature in Israel, such as books and newspapers, is published without vowels. But this should not worry the beginner. At this point he is only required to learn the basic vowel rules as set forth in this course. They are necessary and important to enable the beginner to understand and use the basic structures of Hebrew. The vowels will be dropped once the student has developed the proper proficiency in the language. They can be compared to a scaffolding which may be removed once the house stands firm.

READ ALOUD AND PRONOUNCE DISTINCTLY:

In this exercise, and only in this one, because it is the first, you will find an English transcription. Before using it, make sure that you already know the conventional rules of transcription used in this book, (p. 5). In case of doubt, consult pp. 2-5. Here you will find all the possible syllables you may encounter in Hebrew. This list can be used as a reference guide for pronunciation.

Read from left to right:

אָ and אַ		a;	אֵ and אֶ		e;	אִי and אִ		i;	אוּ and אֻ		u;	אוֹ and אֹ		o;
	אֲ	a		אֱ	e								אֳ	o
בָּ	בַּ	ba	בֵּ	בֶּ	be	בִּי	בִּ	bi	בּוּ	בֻּ	bu	בּוֹ	בֹּ	bo
בָ	בַ	va	בֵ	בֶ	ve	בִי	בִ	vi	בוּ	בֻ	vu	בוֹ	בֹ	vo
גָ	גַ	ga	גֵ	גֶ	ge	גִי	גִ	gi	גוּ	גֻ	gu	גוֹ	גֹ	go
דָ	דַ	da	דֵ	דֶ	de	דִי	דִ	di	דוּ	דֻ	du	דוֹ	דֹ	do
הָ	הַ	ha	הֵ	הֶ	he	הִי	הִ	hi	הוּ	הֻ	hu	הוֹ	הֹ	ho
	הֲ	ha		הֱ	he								הֳ	ho
וָ	וַ	va	וֵ	וֶ	ve	וִי	וִ	vi	ווּ	וֻ	vu	ווֹ	וֹ	vo
זָ	זַ	za	זֵ	זֶ	ze	זִי	זִ	zi	זוּ	זֻ	zu	זוֹ	זֹ	zo
חָ	חַ	Ha	חֵ	חֶ	He	חִי	חִ	Hi	חוּ	חֻ	Hu	חוֹ	חֹ	Ho
	חֲ	Ha		חֱ	He								חֳ	Ho
טָ	טַ	ta	טֵ	טֶ	te	טִי	טִ	ti	טוּ	טֻ	tu	טוֹ	טֹ	to
יָ	יַ	ya	יֵ	יֶ	ye	יִי	יִ	yi	יוּ	יֻ	yu	יוֹ	יֹ	yo
כָּ	כַּ	ka	כֵּ	כֶּ	ke	כִּי	כִּ	ki	כּוּ	כֻּ	ku	כּוֹ	כֹּ	ko

כָ	כַ	*kha*	כֵ	כֶ	*khe*	כִי	כִ	*khi*	כוּ	כֻ	*khu*	כוֹ	כֹ	*kho*
לָ	לַ	*la*	לֵ	לֶ	*le*	לִי	לִ	*li*	לוּ	לֻ	*lu*	לוֹ	לֹ	*lo*
מָ	מַ	*ma*	מֵ	מֶ	*me*	מִי	מִ	*mi*	מוּ	מֻ	*mu*	מוֹ	מֹ	*mo*
נָ	נַ	*na*	נֵ	נֶ	*ne*	נִי	נִ	*ni*	נוּ	נֻ	*nu*	נוֹ	נֹ	*no*
סָ	סַ	*sa*	סֵ	סֶ	*se*	סִי	סִ	*si*	סוּ	סֻ	*su*	סוֹ	סֹ	*só*
עָ	עַ	*â*	עֵ	עֶ	*ê*	עִי	עִ	*î*	עוּ	עֻ	*û*	עוֹ	עֹ	*ô*
	עֲ	*â*		עֱ	*ê*								עֳ	*ô*
פָּ	פַּ	*pa*	פֵּ	פֶּ	*pe*	פִּי	פִּ	*pi*	פּוּ	פֻּ	*pu*	פּוֹ	פֹּ	*po*
פָ	פַ	*fa*	פֵ	פֶ	*fe*	פִי	פִ	*fi*	פוּ	פֻ	*fu*	פוֹ	פֹ	*fo*
צָ	צַ	*tsa*	צֵ	צֶ	*tse*	צִי	צִ	*tsi*	צוּ	צֻ	*tsu*	צוֹ	צֹ	*tso*
קָ	קַ	*qa*	קֵ	קֶ	*qe*	קִי	קִ	*qi*	קוּ	קֻ	*qu*	קוֹ	קֹ	*qo*
רָ	רַ	*ra*	רֵ	רֶ	*re*	רִי	רִ	*ri*	רוּ	רֻ	*ru*	רוֹ	רֹ	*ro*
שָׁ	שַׁ	*sha*	שֵׁ	שֶׁ	*she*	שִׁי	שִׁ	*shi*	שׁוּ	שֻׁ	*shu*	שׁוֹ	שֹׁ	*sho*
שָׂ	שַׂ	*sa*	שֵׂ	שֶׂ	*se*	שִׂי	שִׂ	*si*	שׂוּ	שֻׂ	*su*	שׂוֹ	שֹׂ	*so*
תָ	תַ	*ta*	תֵ	תֶ	*te*	תִי	תִ	*ti*	תוּ	תֻ	*tu*	תוֹ	תֹ	*to*

Write in cursive letters all the syllables in the preceding exercises, and read each of them aloud after writing them.

Read aloud and write in cursive letters all the following words. Learn their meaning.

if	*im*	אִם	so	*kakh*	כַּךְ
with	*îm*	עִם	take	*qaH*	קַח
no	*lo*	לֹא	Aaron	*aharon*	אַהֲרֹן
to him	*lo*	לוֹ	last	*aHaron*	אַחֲרוֹן
come	*bo*	בֹּא	pillow	*kar*	כַּר
in, with him	*bo*	בּוֹ	cold	*qar*	קַר
David	*david*	דָּוִד	voice	*qol*	קוֹל
uncle	*dod*	דוֹד	all	*kol*	כָּל
I	*ani*	אֲנִי	my father	*avi*	אָבִי
poor	*âni*	עָנִי	I will bring	*avi*	אָבִיא
don't	*al*	אַל	spring	*aviv*	אָבִיב
on, upon	*âl*	עַל	his father	*aviv*	אָבִיו

"STRONG" ROOTS AND "WEAK" ROOTS:

In this book, we shall very often use the terms "strong" and "weak" roots. In Hebrew, some of the letters are considered “weak” because they sometimes disappear or cause changes in some of the verb forms;

these are א, ה, ו, י, נ

Example: The root ק נ ה (buy) becomes קָ נ ו (they bought), in the past tense, while the ה of the root disappears.

Note that a root with a weak letter is called a *weak* root.

READING EXERCISE:

Before going further, you should be able to read Hebrew slowly, but without mistakes. Read aloud each printed word, write it in cursive, and learn its meaning. Practice the spelling by trying to write it as many times as necessary, until you can write it without any help. The following words have been selected, in order to cover all the consonants and vowels. The stress is on the last syllable, unless marked otherwise (by a ′ above the stressed syllable).

but	*aval*	אֲבָל	Daddy	*aba*	אַבָּא
uncle	*dod*	דוֹד	Mommy	*ima*	אִמָּא
man	*ish*	אִישׁ	brother	*aH*	אָח
unleavened bread	*matsot*	מַצּוֹת	honor	*kavod*	כָּבוֹד
			good	*tov*	טוֹב
juice	*mits*	מִיץ	pretty	*yafe*	יָפֶה
sister	*aHot*	אָחוֹת	obstacle	*mikhshol*	מִכְשׁוֹל

night	*láyla*	לַיְלָה
head	*rosh*	רֹאשׁ
money	*mamon*	מָמוֹן
bitter	*mar*	מַר
Jerusalem	*yeru-shaláyim*	יְרוּשָׁלַיִם
son	*ben*	בֵּן
big	*gadol*	גָּדוֹל
miracle	*nes*	נֵס
face	*panim*	פָּנִים
mountain	*har*	הָר
horse	*sus*	סוּס
Torah, theory	*tora*	תּוֹרָה
yesterday	*etmol*	אֶתְמוֹל
today	*hayom*	הַיּוֹם
gift	*matana*	מַתָּנָה
past	*âvar*	עָבָר
eye	*ấyin*	עַיִן
time	*zman*	זְמַן
elephant	*pil*	פִּיל
all of them	*kulam*	כֻּלָּם
easy, light	*qal*	קַל
north	*tsafon*	צָפוֹן

difficult	*qashe*	קָשֶׁה
wall	*qir*	קִיר
aunt	*doda*	דוֹדָה
woman	*isha*	אִשָּׁה
poultry yard	*lul*	לוּל
rabbi	*rav*	רַב
way	*derekh*	דֶּרֶךְ
sweet	*matoq*	מָתוֹק
sun	*shemesh*	שֶׁמֶשׁ
daughter	*bat*	בַּת
small	*qatan*	קָטָן
wonderful	*nifla*	נִפְלָא
year	*shana*	שָׁנָה
river	*nahar*	נָהָר
mare	*susa*	סוּסָה
student	*talmid*	תַּלְמִיד
tomorrow	*maHar*	מָחָר
present (tense)	*hove*	הוֹוֶה
permitted	*mutar*	מֻתָּר
future	*âtid*	עָתִיד
eyes	*ênáyim*	עֵינַיִם
careful	*zahir*	זָהִיר
nose	*af*	אַף

FIRST LESSON שִׁעוּר רִאשׁוֹן

What [is] **this**? This [is a] pen (*m*). מַה זֶה? זֶה עֵט.

What [is] this? This [is a] sofa (*f*). מַה זֹאת? זֹאת סַפָּה.

מַה אֵלֶּה? אֵלֶּה עֵטִים.
What [are] **these**? These [are] pens.

מַה אֵלֶּה? אֵלֶּה סַפּוֹת.
What [are] these? These [are] sofas.

This [is a] good horse. זֶה סוּס טוֹב

This [is a] good mare. זֹאת סוּסָה טוֹבָה

These [are] good horses. אֵלֶּה סוּסִים טוֹבִים

These [are] good mares. אֵלֶּה סוּסוֹת טוֹבוֹת

זֶה תַּלְמִיד טוֹב וְיָפֶה
This [is a] good and beautiful student (*m*).

זֹאת תַּלְמִידָה טוֹבָה וְיָפָה
This [is a] good and beautiful student (*f*).

אֵלֶּה תַּלְמִידִים טוֹבִים וְיָפִים

These [are] good and beautiful students (m).

אֵלֶּה תַּלְמִידוֹת טוֹבוֹת וְיָפוֹת.

These [are] good and beautiful students (f).

מִי זֶה? זֶה תַּלְמִיד. Who [is] this? This [is a] student (m).

מִי זֹאת? זֹאת תַּלְמִידָה.

Who [is] this? This [is a] student (f).

מִי אֵלֶּה? אֵלֶּה תַּלְמִידִים.

Who [are] these? These [are] students (m).

מִי אֵלֶּה? אֵלֶּה תַּלְמִידוֹת.

Who [are] these? These [are] students (f).

This [is a] big student (m).　　זֶה תַּלְמִיד גָּדוֹל

This [is a] big student (f).　　זֹאת תַּלְמִידָה גְּדוֹלָה

These [are] big students (m).　　אֵלֶּה תַּלְמִידִים גְּדוֹלִים

These [are] big students (f).　　אֵלֶּה תַּלְמִידוֹת גְּדוֹלוֹת.

NEW FORMS AND GRAMMAR RULES

From the text we learn:

1) Gender and Number of Nouns:

The masc. sing. marker is a consonantal-ending or zero-ending:

14

The fem. sing. marker is a ה preceded by □ָ (□ָה) or a ת

Examples: דֶּלֶת, תַּלְמִידָה, סַפָּה,

The masc. pl. marker is □ים Example: תַּלְמִידִים, עֵטִים

The fem. pl. marker is □וֹת Example: תַּלְמִידוֹת, סַפּוֹת

2) The Demonstrative Pronoun has three Forms:

This, actually meaning **this is** (masc.)	זֶה
This, actually meaning **this is** (fem.)	זֹאת
These, actually meaning **these are** (masc. and fem.)	אֵלֶּה

Examples:	**This is** a pen	זֶה עֵט
	This is a sofa	זֹאת סַפָּה
	These are pens	אֵלֶּה עֵטִים
	These are sofas	אֵלֶּה סַפּוֹת

3) There is no *Present Tense* of *to be* (no *am, is, are*). It is simply omitted.

Examples:	These [*are*] sofas	אֵלֶּה סַפּוֹת
	I [*am*] small	אֲנִי קָטָן

4) There is no Indefinite Article in Hebrew (no *a, an*). It is omitted.

Example:	This is [*a*] pen.	זֶה עֵט

5) Unlike their English counterparts, Hebrew adjectives must agree in gender and number, with the noun they qualify, and have the same endings. Remember! In Hebrew, nouns always precede adjectives.

Examples:	a good uncle	דוֹד טוֹב
	a good aunt	דוֹדָה טוֹבָה
	good uncles	דוֹדִים טוֹבִים
	good aunts	דוֹדוֹת טוֹבוֹת

6) The Conjunction "and" is indicated by the letter ו which is attached to the word following it.
The regular vowel for ו is a *shva*. (for various forms of this vowel, see appendix p. 146).

Example: [an] uncle and [an] aunt דוֹד וְדוֹדָה

7) The Interrogative Pronouns:

What (applying to things)	מַה ?
Who (applying to persons)	מִי ?

APPLY AND PRACTICE

A. Memorize the Hebrew text. This will serve as a model and a reference for future study.

B. Here are five model sentences. Construct two sentences of your own, similar to each of these model sentences, using different nouns and adjectives (use vocabulary pp. 172-179).

1) מַה זֶה? זֶה עֵט יָפֶה.
2) מִי זֹאת? זֹאת תַלְמִידָה יָפָה.
3) מַה אֵלֶה? אֵלֶה עֵטִים וְאֵלֶה סַפּוֹת.
4) מִי אֵלֶה? אֵלֶה תַלְמִידִים וְתַלְמִידוֹת.
5) זֶה תַלְמִיד טוֹב וְיָפֶה וְזֹאת סַפָּה גְדוֹלָה[1] וְיָפָה.

(1) Note the change of vowel גָ to גְ, see p.177-179 (adjectives).

C. Translate your sentences into English. Without looking at your book, translate them back into Hebrew.

D. Fill in the missing words:

1) מַה ____ ? ____ . סֵפֶר; מַה ____ ? ____ כִּתָה.

2) ____ אֵלֶּה? אֵלֶּה תַּלְמִידִים וְתַלְמִידוֹת.

3) מִי זֹאת? ____ תַּלְמִידָה גְדוֹל____ וְיָפָה.

4) ____ אֵלֶּה? ____ סִפּוּר____ יָפ____ .

5) מַה ____ ? ____ עֵטִים טוֹב____ וְיָפ____ .

6) ____ זֶה? ____ מוֹרֶה גָדוֹל וְטוֹב.

7) מִי ____ ? ____ מוֹר____ יָפוֹת וְטוֹב____ .

(book	סֵפֶר)	(story	סִפּוּר)
(classroom	כִּתָה)	(teacher	מוֹרֶה)

E. Translate into Hebrew: (Don't use a dictionary!) Nouns or adjectives which are not in this lesson will be found in the vocabulary at the end of the book. The gender, if not self-evident, is indicated by (*m*) masc. (*f*) fem.

1) Who is this? This is a man. This is a big man.
2) Who is this? This is a woman. This is a beautiful woman.
3) Who are these? These are uncles. These are good uncles.
4) Who are these? These are aunts. These are beautiful aunts.

5) What is this? This is a chair (*m*). This is a black and beautiful chair.

6) What is this? This is a present (*f*). This is an expensive present.

7) What are these? These are stamps (*m*). These are small stamps.

8) What are these? These are presents. These are beautiful presents.

9) This is a rich and beautiful student (*f*).

10) These are big and beautiful beds ·

SECOND LESSON — שְׁעוּר שֵׁנִי

אֵיפֹה הַמּוֹרֶה? הַמּוֹרֶה כָּאן.

Where [is] **the** teacher (*m*)? **The** teacher [is] here.

אֵיפֹה הַמּוֹרָה? הַמּוֹרָה שָׁם.

Where [is] **the** teacher (*f*)? **The** teacher [is] there.

אֵיפֹה כָּל הַמּוֹרִים? כָּל הַמּוֹרִים לְמַעְלָה

Where [are] **all the** teachers (*m*)? **All the** teachers [are] upstairs.

אֵיפֹה כָּל הַמּוֹרוֹת? כָּל הַמּוֹרוֹת לְמַטָּה.

Where [are] **all the** teachers (*f*)? **All the** teachers [are] downstairs.

הַדּוֹד צָעִיר, גַּם הַדּוֹדָה צְעִירָה.

The uncle [is] young, also the aunt [is] young.

הַדּוֹדִים צְעִירִים, גַּם הַדּוֹדוֹת צְעִירוֹת.

The uncles [are] young, also the aunts [are] young.

אֵיפֹה הַדּוֹד הַצָּעִיר? הַדּוֹד הַצָּעִיר כָּאן.

Where [is] **the** young uncle? **The** young uncle [is] here.

גַּם הַדּוֹדָה הַצְּעִירָה כָּאן.

Also **the** young aunt [is] here.

גַּם הַדּוֹדִים הַצְּעִירִים כָּאן.

Also the young uncles [are] here.

גַּם הַדּוֹדוֹת הַצְּעִירוֹת כָּאן.

Also the young aunts [are] here.

הַדּוֹד הַצָּעִיר כָּאן, אֲבָל הַדּוֹד הַזָּקֵן שָׁם.

The young uncle [is] here, but the old uncle [is] there.

הַדּוֹדָה הַצְּעִירָה לְמַעְלָה, אֲבָל הַדּוֹדָה הַזְּקֵנָה לְמַטָּה.

The young aunt [is] upstairs, but the old aunt [is]
downstairs.

הַדּוֹדִים הַצְּעִירִים בִּפְנִים אֲבָל הַדּוֹדוֹת הַצְּעִירוֹת בַּחוּץ.

The young uncles [are] inside but the young aunts [are]
outside.

אֵיפֹה הַסֵּפֶר הַכָּחֹל? הַסֵּפֶר הַכָּחֹל עַל הַשֻּׁלְחָן הַגָּדוֹל.

Where [is] the blue book? The blue book [is] on the big
table.

אֵיפֹה הָאִשָּׁה הַגְּבוֹהָה? הָאִשָּׁה הַגְּבוֹהָה לְמַעְלָה.

Where [is] the tall woman? The tall woman [is] upstairs.

אֵיפֹה הַיְלָדִים הַקְּטַנִּים? הַיְלָדִים הַקְּטַנִּים כָּאן.

Where [are] the small children? The small children [are]
here.

אֵיפֹה הַבָּנוֹת הַגְּדוֹלוֹת? הַבָּנוֹת הַגְּדוֹלוֹת שָׁם.

Where [are] the big girls? The big girls [are] there.

NEW FORMS AND GRAMMAR RULES

1) The Definite Article in Hebrew: "the" is הַ .

   The regular vowel of the הַ is ◻ . For variations

of this vowel, see appendix p.145. The הַ is always attached to the word that follows.

2) A typical Semitic form:

Compare: The uncle [is] good.   הַדּוֹד טוֹב.
("good" as predicate)

The good uncle...   הַדּוֹד הַטּוֹב...
("good" as modifier of the subject)

Rule: When the adjective is a modifier of the subject, both noun and adjective take the definite article.

APPLY AND PRACTICE:

A. Memorize the Hebrew text.

B. Copy the following model-sentences and construct two similar sentences for each.

1) אֵיפֹה הַמּוֹרֶה הַצָּעִיר? הַמּוֹרֶה הַצָּעִיר כָּאן.

2) אֵיפֹה כָּל הַבָּנוֹת הַקְּטַנּוֹת? כָּל הַבָּנוֹת הַקְּטַנּוֹת בַּחוּץ.

C. Translate your sentences into English and then back into Hebrew.

D. Complete the following sentences:

1) ___דּוֹד זָקֵן אֲבָל ___ דּוֹדָה צְעִיר___.

2) ___מוֹרֶה ___ גָּדוֹל לְמַעְלָה אֲבָל ___ מוֹרָה הַקְּטַנ ___ לְמַטָּה.

3) הַסֵּפֶר יָפֶה; ___סֵפֶר ___יָפֶה עַל ___שֻׁלְחָן ___גָּדוֹל.

4) הָאִשָּׁה שְׁמֵנָה; אֵיפֹה ___אִשָּׁה ___שְׁמֵנָה? ___אִשָּׁה

___ שְׁמֵנָה שָׁם.

5) אֵיפֹה כָּל ___ מוֹרוֹת הַטּוֹבוֹת? כָּל ___ מוֹר___טוֹב ___
בִּפְנִים.

6) הָאִישׁ חָכָם; אֵיפֹה ___ אִישׁ ___ חָכָם? אִישׁ ___
___ חָכָם בַּחוּץ.

(fat שָׁמֵן)   (man אִישׁ)   (wise חָכָם)

E. Translate into Hebrew:

1) Where is the house? The house is there.
2) Where are the uncles? The uncles are here.
3) Where are the children? The children are inside.
4) Where is the table? The table is outside.
5) Where are all the students (*m*)? All the students are upstairs.
6) Where are all the teachers (*f*)? All the teachers are downstairs.
7) The big man is here but the beautiful woman is there.
8) The teacher (*m*) is happy and also (וְגַם) the student (*f*) is happy.
9) The happy teacher (*f*) is here and the happy student (*m*) is there.

THIRD LESSON   שִׁעוּר שְׁלִישִׁי

אֲנִי מוֹרֶה וְדִינָה מוֹרָה.

I [am a] teacher (*m*) and Dinah [is a] teacher (*f*).

אַתָּה אִישׁ וְשָׂרָה אִשָּׁה.

You (*ms*) [are a] man and Sarah [is a] woman.

אַתְּ תַּלְמִידָה וְדָן תַּלְמִיד.

You (*fs*) [are a] student and Dan [is a] student.

הוּא רוֹפֵא וַאֲנִי אָחוֹת.

He [is a] doctor and I [am a] nurse.

הִיא בַּחוּרָה וְהוּא יֶלֶד.

She [is a] young lady and he [is a] boy.

אֲנַחְנוּ חֲבֵרִים טוֹבִים שֶׁל דָּוִד.

We [are] good friends of David.

אַתֶּם שְׁכֵנִים קְרוֹבִים שֶׁל הַמּוֹרֶה.

You (*mp*) [are] close neighbors of the teacher.

You (*fp*) [are] very beautiful girls. .אַתֶּן בָּנוֹת יָפוֹת מְאֹד

הֵם בְּרִיאִים וְהִיא חוֹלָה מְאֹד.

They (*m*) [are] healthy and she [is] very sick.

They (*f*) [are] very much fat. .הֵן שְׁמֵנוֹת הַרְבֵּה מְאֹד

23

דָוִד לוֹמֵד עִבְרִית

David [is] learning Hebrew.

גַם שָׂרָה לוֹמֶדֶת עִבְרִית.

Also Sarah [is] learning Hebrew.

דָוִד וְדָן לוֹמְדִים עִבְרִית.

David and Dan [are] learning Hebrew.

שָׂרָה וְרִנָה לוֹמְדוֹת עִבְרִית.

Sarah and Rinah [are] learning Hebrew.

דָוִד כּוֹתֵב חִבּוּר; הוּא כּוֹתֵב חִבּוּר.

David writes [an] essay; he writes [an] essay.

שָׂרָה אוֹכֶלֶת תַּפּוּחַ; הִיא אוֹכֶלֶת תַּפּוּחַ.

Sarah eats [an] apple; she eats [an] apple.

הַמוֹרִים אוֹמְרִים "שָׁלוֹם"; הֵם אוֹמְרִים "שָׁלוֹם".

The teachers (*m*) say "hello"; they say "hello".

הַתַּלְמִידוֹת יוֹשְׁבוֹת עַל הַסַּפְסָל; הֵן יוֹשְׁבוֹת עַל הַסַּפְסָל.

The students (*f*) are sitting on the bench; they are sitting
on the bench.

אֲנִי יוֹשֵׁב עַל הַסַּפְסָל וְאַתָּה כּוֹתֵב חִבּוּר.

I (*m*) am sitting on the bench and you (*ms*) are writing
[an] essay.

אֲנִי יוֹשֶׁבֶת עַל הַסַּפְסָל וְאַתְּ כּוֹתֶבֶת חִבּוּר.

I (*f*) am sitting on the bench and you (*fs*) are writing
[an] essay.

אֲנַחְנוּ אוֹכְלִים תַּפּוּחַ וְאַתֶּם אוֹמְרִים "שָׁלוֹם".

We (*m*) eat [an] apple and you (*mp*) say "hello".

אֲנַחְנוּ אוֹכְלוֹת תַּפּוּחַ וְאַתֶּן אוֹמְרוֹת "שָׁלוֹם".

We (*f*) eat [an] apple and you (*fp*) say "hello".

NEW FORMS AND GRAMMAR RULES

From the text we learn:

1) There are 10 personal pronouns (subject). Learn them in the same order, as they appear in the text.

אֲנִי, אַתָּה, אַתְּ, הוּא, הִיא, אֲנַחְנוּ, אַתֶּם, אַתֶּן, הֵם, הֵן.

Note: There are four equivalents for the word "**you**"

אַתְּ, *(fs)*	אַתָּה, *(ms)*
אַתֶּן, *(fp)*	אַתֶּם, *(mp)*

and there are two equivalents for the word "**they**"

הֵן, *(fp)*	הֵם, *(mp)*

Since the verb "to be" does not exist in the present tense (see pp.13–15), the Hebrew personal pronoun (subject) already contains the "am" "is" and "are".

Thus: אֲנִי means "I [am] "; אַתָּה means "you [are] " etc.

The personal pronoun (subject) can be followed by a noun, an adjective or a verb.

Examples:	
I [am a] teacher.	אֲנִי מוֹרֶה
They [are] big *(m)*.	הֵם גְּדוֹלִים
You [are] learning *(ms)*.	אַתָּה לוֹמֵד

2) The Preposition שֶׁל means **of** and indicates possession or relationship.

3) Conjugation: The present tense of "strong" verbs.

25

The Hebrew present tense has four forms, depending on the gender and number.

Example: For the root למד (learn) , the four forms are:

לוֹמֶדֶת	(*fs*)	לוֹמֵד	(*ms*)
לוֹמְדוֹת	(*fp*)	לוֹמְדִים	(*mp*)

All of these have one equivalent in English: learning.

It is easier, in the beginning, to learn this conjugation in four groups:

masc. sing.

I am learning *or* I learn	אֲנִי לוֹמֵד
You are learning *or* you learn	אַתָּה לוֹמֵד
He is learning *or* he learns	הוּא לוֹמֵד

fem. sing.

I am learning *or* I learn	אֲנִי לוֹמֶדֶת
You are learning *or* you learn	אַתְּ לוֹמֶדֶת
She is learning *or* she learns	הִיא לוֹמֶדֶת

masc. pl.

We are learning *or* we learn	אֲנַחְנוּ לוֹמְדִים
You are learning *or* you learn	אַתֶּם לוֹמְדִים
they are learning *or* they learn	הֵם לוֹמְדִים

fem. pl.

We are learning *or* we learn	אֲנַחְנוּ לוֹמְדוֹת
You are learning *or* you learn	אַתֶּן לוֹמְדוֹת
They are learning *or* they learn	הֵן לוֹמְדוֹת

APPLY AND PRACTICE:

A. Memorize the Hebrew text.

B. Translate it into English and then back into Hebrew.

C. Choose five verb-roots from pp. 179-180 (group 21-22). Use them in ten sentences, in different forms (i.e., gender and number) of the present tense.

D. Complete the following sentences: (the verb-root is given in parentheses).

1) הִיא תַּלְמִיד___ טוֹב___ מְאֹד וְהוּא תַּלְמִיד רָע.

2) אַתְּ שְׁמֵנ___ מְאֹד אֲבָל הִיא רָזָה.

3) אֲנַחְנוּ שְׁכֵנִים רְחוֹק___ שֶׁל הַמּוֹרֶה.

4) אַתֶּם (כתב) ________ חִבּוּר וְהֵן (אכל) ________ תַּפּוּז.

5) אֲנִי, שָׂרָה, (ישב) ________ עַל הַסַּפְסָל וְאַתֶּן (אמר) ________ "שָׁלוֹם".

6) אֲנַחְנוּ, הַמּוֹרוֹת, (עבד) ________ כָּאן וְאַתָּה (ישב) ________ כָּל הַזְּמַן.

7) הֵם חֲבֵר___ טוֹב___ מְאֹד שֶׁל שִׁמְעוֹן; הֵם (כתב) ________ מִכְתָּב.

8) הָאִישׁ הַזָּקֵן (ישב) ________ עַל הַכִּסֵּא הַגָּדוֹל; ____ אוֹכֵל לֶחֶם.

9) הַבָּנוֹת הָאֵלֶּה שְׁמֵנוֹת; ____ אוֹכְלוֹת הַרְבֵּה.

(much	הַרְבֵּה)	(work (*v*)	עבד)
(bad	רָע)	(time	זְמַן)
(skinny	רָזֶה)	(chair	כִּסֵּא)
(far	רָחוֹק)	(bread	לֶחֶם)

E. Translate into Hebrew:

1) Rinah is a very good student and she learns Hebrew.

2) The old man works all the day and he is very sick.

3) I write a long letter.

4) Dan is fat and Sarah is very fat. They are fat.

5) David and I sit on the bench; we are sitting on the bench.

6) The beautiful girls wear (לִ בְ שׁ) beautiful clothes.

7) They (*m*) read a book and they (*f*) hear a song.

8) You are very lazy, David, and you, Dinah, also you [are] lazy.

9) You (*mp*) are good neighbors of Dan and he loves neighbors.

10) The good students (*m*) of the teacher say, "thank you very much".

FOURTH LESSON שִׁעוּר רְבִיעִי

עַל הַשֻּׁלְחָן יֵשׁ סֵפֶר כָּבֵד.

On the table **there is** a heavy book.

עַל הַכִּסֵּא יֵשׁ הַרְבֵּה סְפָרִים כְּבֵדִים.

On the chair **there are** many heavy books.

יֵשׁ תְּמוּנָה יָפָה עַל הַקִּיר.

There is a beautiful picture on the wall.

יֵשׁ הַרְבֵּה תְּמוּנוֹת יָפוֹת עַל הַקִּיר.

There are many beautiful pictures on the wall.

אֵין עֲבוֹדָה, לָכֵן אֵין כֶּסֶף.

There is no work, therefore **there is no** money.

אֵין יְלָדִים, לָכֵן אֵין שִׂמְחָה.

There are no children, therefore **there is no** joy.

יֵשׁ כֶּסֶף, אֲבָל אֵין זְמַן.

There is money but **there is no** time.

פֹּה יֵשׁ תַּלְמִידָה, אֲבָל אֵין מוֹרָה.

Here, **there is** a student (*f*) but **there is no** teacher (*f*).

שָׁם יֵשׁ מוֹרִים אֲבָל אֵין תַּלְמִידוֹת.

There, **there are** teachers (*m*) but **there are no** students (*f*).

יֵשׁ לְדָוִד הַרְבֵּה סְפָרִים = יֵשׁ לוֹ הַרְבֵּה סְפָרִים.

David **has** many books; **he has** many books.

יֵשׁ לְדָוִד מְעַט חֲבֵרִים = יֵשׁ לוֹ מְעַט חֲבֵרִים.

David **has** few friends; **he has** few friends.

יֵשׁ לַיְלָדִים אָב צָעִיר = יֵשׁ לָהֶם אָב צָעִיר.

The children **have** a young father; **they have** a young
father.

יֵשׁ לַתַּלְמִידוֹת מוֹרֶה טוֹב = יֵשׁ לָהֶן מוֹרֶה טוֹב.

The students (*f*) **have** a good teacher (*m*); **they have** a
good teacher.

אֵין לָנוּ סֵפֶר טוֹב אֲבָל יֵשׁ לָנוּ מוֹרֶה טוֹב.

We don't have a good book but **we have** a good teacher.

אֵין לִי סְפָרִים טוֹבִים אֲבָל יֵשׁ לִי מוֹרֶה טוֹב.

I don't have good books but **I have** a good teacher.

אֵין לְךָ מַחְבֶּרֶת טוֹבָה אֲבָל יֵשׁ לְךָ מוֹרָה טוֹבָה.

You (*ms*) don't have a good notebook but **you have** a
good teacher (*f*).

אֵין לָךְ מַחְבָּרוֹת טוֹבוֹת אֲבָל יֵשׁ לָךְ מוֹרָה טוֹבָה.

You (*fs*) don't have good notebooks but **you have** a good
teacher (*f*).

אֵין לָכֶם מַדְרִיךְ טוֹב אֲבָל יֵשׁ לָכֶם מוֹרֶה טוֹב.

You (*mp*) don't have a good guide but **you have** a good
teacher (*m*).

אֵין לָכֶן הַרְבֵּה זְמַן; יֵשׁ לָכֶן מְעַט זְמַן.

You (*fp*) don't have much time; **you have** little time.

אֵין לַמּוֹרֶה סֵפֶר, אֲבָל יֵשׁ לוֹ מַחְבֶּרֶת.

The teacher (*m*) **doesn't have** a book but **he has**
a notebook.

אֵין לַ בָּנוֹת זְמַן, אֲבָל יֵשׁ לָהֶן כֶּסֶף.

The girls **don't have** time but **they have** money.

אֵין לְךָ בַּיִת אֲבָל יֵשׁ לְךָ דִירָה.

You (*ms*) **don't have** a house but **you have** an apartment.

NEW FORMS AND GRAMMAR RULES

From the text we learn:

1) The word יֵשׁ means **there is** and also **there are**. It does not vary according to gender and number.

Example:

יֵשׁ תַּלְמִיד ; יֵשׁ תַּלְמִידָה ; יֵשׁ תַּלְמִידִים ; יֵשׁ תַּלְמִידוֹת

The word אֵין means the opposite: **There is not** and **there are not**. It, too, does not vary according to gender and number.

Example:

אֵין תַּלְמִיד ; אֵין תַּלְמִידָה ; אֵין תַּלְמִידִים ; אֵין תַּלְמִידוֹת

2) To express possession in Hebrew, (the equivalent of the English "to have"), the word יֵשׁ , followed by the preposition לְ (to) attached to the possessor, is used.

Example: David has a book   יֵשׁ לְדָוִד סֵפֶר
           (*literally*; "there is **to David** a book")

The לְ becomes לַ if it is followed by a definite noun.   Actually, לַ is the contraction of לְהַ ;

31

this is why the הַ may be dropped.

Example:

The children have a young father יֵשׁ לַיְלָדִים אָב צָעִיר

(*lit.*, " there is **to the children** a young father")

3) To express negation of possession (**not to have**), use the word אֵין (the opposite of יֵשׁ), followed by the ל as in 2).

Example:

David does not have a book אֵין לְדָוִד סֵפֶר

(*lit.*, "there is **not to David** a book")

אֵין לַיְלָדִים אָב צָעִיר

The children don't have a young father

(*lit.*, "there is **not to the children** a young father")

4) If the possessor is expressed with a pronoun, the preposition לְ is declined as follows: (read from right to left)

לִי, לְךָ, לָךְ, לוֹ, לָהּ, לָנוּ, לָכֶם, לָכֶן, לָהֶם, לָהֶן.

I don't have	אֵין לִי	I have	יֵשׁ לִי
You (*ms*) don't have	אֵין לְךָ	You have (*ms*)	יֵשׁ לְךָ
You (*fs*) don't have	אֵין לָךְ	You have (*fs*)	יֵשׁ לָךְ
He doesn't have	אֵין לוֹ	He has	יֵשׁ לוֹ
She doesn't have	אֵין לָהּ	She has	יֵשׁ לָהּ
We don't have	אֵין לָנוּ	We have	יֵשׁ לָנוּ
You (*mp*) don't have	אֵין לָכֶם	You have (*mp*)	יֵשׁ לָכֶם
You (*fp*) don't have	אֵין לָכֶן	You have (*fp*)	יֵשׁ לָכֶן
They (*m*) don't have	אֵין לָהֶם	They have (*m*)	יֵשׁ לָהֶם
They (*f*) don't have	אֵין לָהֶן	They have (*f*)	יֵשׁ לָהֶן

5) The word הַרְבֵּה means **much** and **many**.
The opposite מְעַט means **little** and **few**.

APPLY AND PRACTICE

A. Translate the Hebrew text into English, and back into Hebrew. Then compare with the original Hebrew text.

B. Complete the following sentences:

1) עַל הַקִּיר הַלָּבָן, יֵשׁ הַרְבֵּה תְּמוּנוֹת אֲבָל ____ תְּמוּנָה יָפָה.
2) אֵין יְלָדִים בַּחוּץ אֲבָל ____ יְלָדִים בִּפְנִים.
3) יֵשׁ כִּתָּה יָפָה, יֵשׁ הַרְבֵּה תַּלְמִידִים, אֲבָל ____ מוֹרֶה.
4) דָּוִד אִישׁ עָשִׁיר; ____ ____ הַרְבֵּה כֶּסֶף.
5) שָׂרָה אִשָּׁה עֲנִיָּה; ____ ____ כֶּסֶף.
6) יֵשׁ לַדּוֹדָה בַּיִת גָּדוֹל אֲבָל ____ ____ יְלָדִים.
7) אֵין לַחֲבֵרוֹת שֶׁל שָׂרָה שֻׁלְחָן גָּדוֹל אֲבָל ____ ____ סַפָּה יָפָה.
8) יֵשׁ לָנוּ אָב זָקֵן; יֵשׁ לוֹ זָקָן לָבָן אֲבָל אֵין ____ הַרְבֵּה כֹּחַ.
9) ____ , בָּנִים, יֵשׁ הַרְבֵּה זְמַן אֲבָל אֲנִי, ____ ____ זְמַן.
10) לַבַּיִת שֶׁל דָּוִד יֵשׁ דֶּלֶת גְּדוֹלָה אֲבָל ____ ____ גַּג חָזָק.

(sons, boys	בָּנִים)	(white	לָבָן)
(door	דֶּלֶת)	(rich	עָשִׁיר)
(roof	גַּג)	(poor	עָנִי)
(strong	חָזָק)	(old	זָקֵן)
		(strength	כֹּחַ)

C. Translate:

1) Dan has no money but he has much time.

2) There are few students (*m*) in the classroom.

3) There is no light here; the white candle is there.

4) There are many beautiful girls upstairs and there are no boys downstairs.

5) We don't have a beautiful house but we have a good garden.

7) They don't have children; therefore, they don't have joy.

8) Opposite (מוּל) the house, there is a big garden but there are no trees.

D. Select, from the Hebrew vocabulary, some nouns and adjectives other than those used here and build 8-10 sentences similar in form to those of B and C.

FIFTH LESSON שִׁעוּר חֲמִישִׁי

שְׁאֵלָה : דָּן, הַאִם יֵשׁ לְךָ זְמַן הַיּוֹם?

Q: Dan, do you have time today?

תְּשׁוּבָה: לֹא, אֵין לִי זְמַן הַיּוֹם.

A: No, I don't have time today.

ש: הַאִם יֵשׁ לָהֶם כֶּסֶף?

Q: Do they have money?

ת: כֵּן, יֵשׁ לָהֶם כֶּסֶף.

A: Yes, they have money.

ש: הַאִם יֵשׁ לָכֶם לִמּוּדִים הָעֶרֶב?

Q: Do you have classes (studies) this evening?

ת: כֵּן, יֵשׁ לָנוּ לִמּוּדִים הָעֶרֶב.

A: Yes, we have classes this evening.

ש: שָׂרָה, הַאִם יֵשׁ לָךְ סֵפֶר דִּקְדּוּק?

Q: Sarah, do you have a grammar book?

ת: כֵּן, יֵשׁ לִי סֵפֶר דִּקְדּוּק, אֲבָל אֲנִי לוֹמֶדֶת עַכְשָׁיו.

A: Yes, I have a grammar book, but I am studying now.

ש: הַאִם אַתְּ לוֹמֶדֶת כָּל הַיּוֹם?

Q: Do you study all [the] day?

ת: לֹא, אֲנִי גּוֹמֶרֶת אַחֲרֵי הַצָּהֳרַיִם.

A: No, I finish [in the] afternoon.

ש: אוּלַי יֵשׁ לְדָוִד סֵפֶר דִּקְדּוּק?

Q: Perhaps David has a grammar book?

ת: לֹא, אֲנַחְנוּ לוֹמְדִים בְּיַחַד.

A: No, we study together.

גַּם דָּוִד גּוֹמֵר אַחֲרֵי הַצָּהֳרַיִם.

David also finishes [in the] afternoon.

כָּל הַתַּלְמִידִים גּוֹמְרִים אַחַה"צ.[1]

All the students finish [in the] afternoon.

גַּם הַתַּלְמִידוֹת גּוֹמְרוֹת אַחֲרֵי הַצָּהֳרַיִם.

The students (*f*) also finish [in the] afternoon.

דִּינָה יוֹשֶׁבֶת בְּכִתָּה גְּדוֹלָה וְלוֹמֶדֶת עִבְרִית.

Dinah is sitting **in a** large classroom and is learning Hebrew.

דָּוִד לוֹמֵד עִבְרִית בְּיִשְׂרָאֵל.

David studies Hebrew **in** Israel.

אֲנַחְנוּ אוֹכְלִים בְּמִסְעָדָה גְּדוֹלָה.

We eat **in a** large restaurant.

אֲנִי יוֹשֵׁב בַּבַּיִת וְלוֹמֵד עִבְרִית.

I am sitting **in the** house and learning Hebrew.

הִיא יוֹשֶׁבֶת בַּכִּתָּה וְלוֹמֶדֶת עִבְרִית.

She is sitting **in the** classroom and learning Hebrew.

אֲנַחְנוּ הוֹלְכִים בַּשָּׂדֶה; הֵם כּוֹתְבִים בְּעֵט.

We walk **in the** field; they write **with a** pen.

אַתֶּן שׁוֹמְרוֹת בַּגַּן; אֲנִי עוֹמֵד בַּכְּנִיסָה.

You watch **[in] the** garden; I stand **at the entrance.**

---

(1) See list of abbreviations p. 181

NEW FORMS AND GRAMMAR RULES

From the text we learn:

1) In a question, which can be answered with a direct *yes* or *no*, the interrogative הַאִם is placed before the affirmative statement, which is ended with a question-mark.

Example:

Affirmative: You have time יֵשׁ לְךָ זְמַן

Interrogative: Do you have time? הַאִם יֵשׁ לְךָ זְמַן?

This rule applies in every tense, not only in the present tense.

2) The preposition בְּ means "in, at, on, with..". Like the preposition לְ , it is always attached to the word that follows and it becomes בַּ before a definite noun, causing the הַ to drop.

Example:	in **a** classroom	בְּכִתָּה
	in **the** classroom	בַּכִּתָּה
	in **a** large classroom	בְּכִתָּה גְדוֹלָה
	in **the** large classroom	בַּכִּתָּה הַגְּדוֹלָה

3) The preposition בְּ is declined as is the לְ . It means "in me, in you...; at me, at you...". Full declension:

בִּי, בְּךָ, בָּךְ, בּוֹ, בָּהּ, בָּנוּ, בָּכֶם, בָּכֶן, בָּהֶם, בָּהֶן

APPLY AND PRACTICE

A. Translate the text into English and back into Hebrew.

B. Prepare a short conversation consisting of questions, which may be answered with a direct *yes* or *no*.

C. Translate:

1) Do you (*ms*) learn Hebrew in school? Yes, I learn Hebrew in school.

2) Does she work in a factory? Yes, she does ... (complete the full sentence as above).

3) Do you have (*fp*) money in the house? No, we don't...

4) Do they (*m*) have many books? Yes, they do...

5) Do they (*f*) sit in a small classroom? Yes, they do...

6) Sarah, do you have a boy-friend? No, I don't...

7) We eat in a small room and she eats in a big restaurant.

8) I am now in Israel and I am writing letters to the teacher.

דָּן רוֹצֶה לִלְמֹד עִבְרִית.

Dan wants **to learn** Hebrew.

גַּם דִּינָה רוֹצָה לִלְמֹד עִבְרִית.

Also Dinah wants **to learn** Hebrew.

כָּל הַבָּנִים רוֹצִים לִקְרֹא בַּסֵּפֶר.

All the boys want **to read** in the book.

גַּם כָּל הַבָּנוֹת רוֹצוֹת לִקְרֹא בַּסֵּפֶר

Also all the girls want **to read** in the book.

דָּוִד בּוֹנֶה בֵּית סֵפֶר מֵאֶבֶן.

David builds a school [out] **of** stone.

הַמּוֹרוֹת שׁוֹתוֹת קָפֶה בַּמִּסְעָדָה הַיָּפָה.

The teachers (*f*) drink coffee **in the** beautiful restaurant.

הַתַּלְמִידִים רוֹאִים טֶלֶבִיזְיָה בַּבַּיִת.

The students watch television **in the** house.

הָרוֹפֵא הוֹלֵךְ מִן הַמִּרְפָּאָה אֶל הַבַּיִת.

The doctor goes **from** the clinic **to** the house.

הָרוֹפֵא הוֹלֵךְ מֵהַמִּרְפָּאָה לַבַּיִת.

The doctor goes **from the** clinic **to** the house.

הַיְלָדִים רוֹצִים לִקְטֹף פְּרָחִים מִן הָעֵץ.

The children want **to pick** flowers **from the** tree.

הַנַּגָּר עוֹשֶׂה בַּיִת יָפֶה מֵעֵץ.

The carpenter makes a ~~beau~~tiful house **of** wood.

אֵין תַּלְמִיד טוֹב כְּמוֹ דָוִד.

There is no student [as] good **as** David.

אֵין תַּלְמִיד טוֹב כְּדָוִד.

There is no student [as] good **as** David.

הַאִם יֵשׁ לְךָ בַּיִת יָפֶה כְּמוֹ הַבַּיִת שֶׁל דָן?

Do you have [as] beautiful a house **as** Dan's?

הַאִם יֵשׁ לְךָ בַּיִת יָפֶה כַּבַּיִת שֶׁל דָן?

Do you have [as] beautiful a house **as** Dan's?

זֹאת יַלְדָּה מִבַּיִת עָשִׁיר, וְזֶה יֶלֶד מִבַּיִת עָנִי.

This [is a] girl **from a** rich house, and this [is a] boy **from a** poor house.

אֵלֶּה בָּנִים מִמָּקוֹם קָרוֹב וְאֵלֶּה בָּנוֹת מִמָּקוֹם רָחוֹק.

These are boys **from a** near place and these are girls **from a** far place.

זֶה אִישׁ מִכָּאן וְזֹאת אִשָּׁה מִשָּׁם.

This is a man **from** here and this is a woman **from** there.

אֵלֶּה אֲנָשִׁים מִפָּרִיז וְאֵלֶּה נָשִׁים מִלּוֹנְדוֹן.

These are men **from** Paris and these are women **from** London.

NEW FORMS AND GRAMMAR RULES

From the text, we learn:

1) The present tense of ל"ה verbs (those in which the third letter root is ה see p. 150).

Example: Root רצה :

(fp).	(mp);	(fs);	(ms);
רוֹצוֹת	רוֹצִים	רוֹצָה	רוֹצֶה

Remember! The ה disappears in the plural forms.

2) The regular infinitive (that of strong verbs and ל"א) is □□̇□ְלְ to...

Example:

infinitive		*root*
לִלְמֹד	(learn)	למד
לִקְטֹף	(pick)	קטף
לִקְרֹא	(read)	קרא

3) More about "attached" prepositions:

There are four "one-letter" prepositions:

(to, for)	לְ	(in, at, on, with...)	בְּ
(of, from)	מִ	(as, like)	כְּ

a) All of these four must be attached to the word following them.

Example:

(to Haifa)	לְחֵיפָה	(with a pen)	בְּעֵט
(from there)	מִשָּׁם	(like David)	כְּדָוִד

b) They have equivalents, which are separated from the word:

Example:

in a room	בְּחֶדֶר	or	בְּתוֹךְ חֶדֶר
like David	כְּדָוִד	or	כְּמוֹ דָוִד
to Haifa	לְחֵיפָה	or	אֶל חֵיפָה
from the house	מֵהַבַּיִת	or	מִן הַבַּיִת

c) Where the noun would normally be preceded by the definite article הַ , the article is *omitted* if the prepositions לְ , כְּ , בְּ are used and the ◌ְ becomes a ◌ַ .

But, remember! The definite article *remains* if the preposition מִ is used.

Example:

(in the house)	בַּבַּיִת	=	בְּתוֹךְ הַבַּיִת
(as the house)	כַּבַּיִת	=	כְּמוֹ הַבַּיִת
(to the house)	לַבַּיִת	=	אֶל הַבַּיִת
but:			
(from the house)	מֵהַבַּיִת	=	מִן הַבַּיִת

(in a house)	בְּבַיִת
(as a house)	כְּבַיִת
(to a house)	לְבַיִת
but:	
(from a house)	מִבַּיִת

d) Some changes in vowels may occur: before הַ , מִ becomes מֵ

e) If there is a *dagesh* in the first letter of the word, it disappears after לְ , כְּ , בְּ but not after מִ (examples above).

APPLY AND PRACTICE

A. Translate the Hebrew text into English and back into Hebrew.

B. Rewrite the last eight sentences of the Hebrew text in the opposite gender and number, making the necessary changes in the subjects.

C. Complete the following sentences, filling in the proper forms:

1) דָּן וְדָוִד (רצה) ______ ל(למד) ______ עִבְרִית.

2) שָׂרָה (קנה) ______ פְּרָחִים וְ(נתן) ______ לַדּוֹדָה.

3) הֵם (בנה) ______ בַּיִת גָּדוֹל וְ(ראה) ______ בּוֹ טֶלֶבִיזְיָה.

4) שִׁמְעוֹן, הַאִם אַתָּה (רצה) ______ ל(כתב) ______ מִכְתָּב לְכָל הַבָּנִים?

5) הַתַּלְמִידוֹת (שתה) ______ מִיץ תַּפּוּזִים וְ(עשׂה) ______ תַּרְגִּילִים.

6) הָרוֹפְאִים (קטף) ______ פְּרָחִים וְ(הלך) ______ לַמַּרְפֵּאָה.

7) אֲנַחְנוּ (רצה) ______ ל(שמר) ______ עַל הַבַּיִת הַגָּדוֹל.

8) הַאִם אַתָּה יוֹצֵא מִן הַבַּיִת? כֵּן, אֲנִי יוֹצֵא ______.

9) הַאִם יֵשׁ בָּחוּר חָכָם כְּמוֹ דָּוִד? לֹא, אֵין בָּחוּר

חָכָם ________.

10) הַאִם הֵם הוֹלְכִים אֶל הַגַּן? כֵּן, הֵם הוֹלְכִים ________.

11) הַאִם הִיא יוֹשֶׁבֶת בְּתוֹךְ הַבַּיִת? כֵּן, הִיא יוֹשֶׁבֶת

________.

(watch שמר) (give נתן)

(go out יצא) (juice מִיץ)

(oranges תַּפּוּזִים)

D. Translate:

1) Sarah and Rinah drink milk and David drinks water.
2) All the teachers go out to the field and give a lesson there.
3) Do you (*ms*) want to find a good book? Yes, I want to find a good book.
4) There is no big house like the house of David.
5) Does she buy ice cream from the shop?
6) The little children cry all (the) day in the house.
7) She wants to read and to learn how to write.
8) This is a boy from a rich family and this is a girl from a poor house.
9) The carpenter makes a long table of wood.
10) The teacher (*f*) goes from the house to the school.

SEVENTH LESSON שִׁעוּר שְׁבִיעִי

1) דָוִד קוֹטֵף תַפּוּחִים מִן הָעֵץ.

David picks apples from the tree.

דָוִד וְדָן אוֹכְלִים **אֶת** הַתַפּוּחִים.

David and Dan eat **the** apples.

דִינָה כּוֹתֶבֶת סִפּוּר יָפֶה. Dinah writes a beautiful story.

הַמוֹרֶה קוֹרֵא **אֶת** הַסִפּוּר שֶׁל דִינָה.

The teacher reads **the** story of Dinah.

אַבָּא רוֹצֶה **לִ**קְנוֹת תְמוּנָה יָפָה.

Daddy wants **to buy** a beautiful picture.

אֲנִי תוֹלֶה **אֶת** הַתְמוּנָה עַל הַקִיר.

I hang **the** picture on the wall.

כָּל הַתַלְמִידִים שׁוֹמְעִים **אֶת** דָוִד.

All the students hear David.

הַיְהוּדִים עוֹזְבִים **אֶת** מִצְרַיִם. The Jews leave Egypt.

אֲנַחְנוּ רוֹצִים **לִ**בְנוֹת בַּיִת. We want **to build** a house.

הֵם רוֹצִים לִשְׁתּוֹת מִיץ תַּפּוּזִים.

They (m) want **to drink** orange juice.

הֵן רוֹצוֹת לַעֲשׂוֹת עֲבוֹדָה יָפָה.

They (f) want **to do** a nice job.

אַתְּ רוֹצָה לִתְלוֹת אֶת הַתְּמוּנָה עַל הַקִּיר.

You (fs) want **to hang** the picture on the wall.

הוּא רוֹצֶה לִרְאוֹת אֶת הַיְלָדִים.

He wants **to see** the children.

2) ש: הַאִם אַתָּה רוֹצֶה לִקְרֹא אֶת הַסִּפּוּר?

Q: Do you (ms) want to read **the** story?

ת: כֵּן, אֲנִי רוֹצֶה לִקְרֹא אֶת הַסִּפּוּר.

A: Yes, I want to read **the** story.

ש: הַאִם אַתֶּם רוֹצִים לִמְצֹא עֲבוֹדָה?

Q: Do you (mp) want to find work?

ת: כֵּן, אֲנַחְנוּ רוֹצִים לִמְצֹא עֲבוֹדָה.

A: Yes, we want to find work.

ש: הַאִם אַתְּ רוֹצָה לִלְמֹד עִבְרִית?

Q: Do you (fs) want to learn Hebrew?

ת: כֵּן, אֲנִי רוֹצָה לִלְמֹד עִבְרִית.

A: Yes, I want to learn Hebrew.

ש: הַאִם הֵן רוֹצוֹת לִגְמֹר אֶת הַשִּׁעוּר?

Q: Do they (f) want to finish **the** lesson?

ת: כֵּן, הֵן רוֹצוֹת לִגְמֹר אֶת הַשִּׁעוּר.

A: Yes, they want to finish **the** lesson.

46

NEW FORMS AND GRAMMAR RULES

From the text we learn:

1) The particle אֶת is used to introduce a definite direct object, i.e., a common noun preceded by the article הַ , or a proper noun.

Example:	I eat **the** apple	אֲנִי אוֹכֵל אֶת הַתַּפּוּחַ
	I eat an apple	אֲנִי אוֹכֵל תַּפּוּחַ
	She sees David	הִיא רוֹאָה אֶת דָּוִד

2) The infinitive of the ל״ה roots is לְ□□וֹת

Example:	to drink	לִשְׁתּוֹת	drink	שתה
	to see	לִרְאוֹת	see	ראה

APPLY AND PRACTICE

A. Translate the Hebrew text into English and back into Hebrew.

B. In the Hebrew text, most of the sentences have a pronominal subject, a ל״ה verb in the present tense, a ל״ה verb in the infinitive, and a direct object. Select from the Hebrew vocabulary (pp. 172-181) different words and construct for each of those sentences, two new ones similar in structure.

C. Complete the following sentences:

1) דָּן קוֹטֵף תַּפּוּחַ מִן הָעֵץ וְדָוִד אוֹכֵל ___ הַתַּפּוּחַ.

2) רִנָּה כּוֹתֶבֶת סִפּוּר וְהַמּוֹרֶה קוֹרֵא ___ הַסִּפּוּר.

3) הָאִישׁ פּוֹגֵשׁ ___ הָאִשָּׁה וְרוֹצֶה ל(ראה)_________

___ הַתְּמוּנָה.

4) הַתַּלְמִידָה (רצה) ______ ל(קנה)__________ גְּלִידָה.

5) דִּינָה, הַאִם אַתְּ רוֹצָה ל(תלה)_________ ___ הַתְּמוּנָה

עַל הַקִּיר?

6) הֵן רוֹצוֹת ל(עלה)________ לְיִשְׂרָאֵל וְל(בנה) ________

בַּיִת שָׁם.

(immigrate to Israel; go up, עלה) (meet פגש)

D. Translate:

1) I give the book to the teacher.
2) Sarah wants to buy a picture and Dan wants to hang the picture on the wall.
3) All the students (*m*) do the exercises in the classroom.
4) The big girls see the small boys.
5) The teacher (*f*) sees Dan every day (Heb: all day).
6) All the teachers (*f*) want to drink cold orange juice (מִיץ תַּפּוּזִים).
7) Boys, do you see the bird? Yes, we do.
8) Girls, do you build a high tower? Yes, we do.

EIGHTH LESSON   שִׁעוּר שְׁמִינִי

הַתַּלְמִיד הַזֶּה חָרוּץ מְאֹד.

This student [is] very diligent.

גַּם הַתַּלְמִידָה הַזֹּאת חֲרוּצָה.

Also this student (f)[is] diligent.

הַתַּלְמִידִים הָאֵלֶּה לוֹמְדִים גֵּיאוֹגְרַפְיָה.

These students learn geography.

הַיֶּלֶד הַזֶּה טוֹב אֲבָל הַיֶּלֶד הַהוּא רַע מְאֹד.

This boy [is] good but that boy [is] very bad.

הַדִּירָה הַזֹּאת טוֹבָה, אֲבָל הַדִּירָה הַהִיא רָעָה מְאֹד.

This apartment [is] good but that apartment [is] very bad.

בַּיָּמִים הָהֵם הָיִינוּ¹ צְעִירִים, אֲבָל בַּזְּמַן הַזֶּה אֲנַחְנוּ כְּבָר
זְקֵנִים.

In those days we were young, but now (in this time)
we are already old.

הַבָּנוֹת הָאֵלֶּה יוֹשְׁבוֹת עַל הַדֶּשֶׁא, וְהַבָּנוֹת הָהֵן שׁוֹמְעוֹת
קוֹנְצֶרְט.

These girls are sitting on the lawn and those girls are
listening [to] (hearing) a concert.

_____

(1) This conjugation (past of ל"ה) will be given in lesson XVII.

49

הַתַּלְמִיד הַזֶּה כּוֹתֵב עַל הַלּוּחַ בְּגִיר.

This student writes on the board with chalk.

אֵין הַתַּלְמִיד הַהוּא כּוֹתֵב עַל הַלּוּחַ בְּגִיר.

That student **doesn't** write on the board with chalk.

הָאִשָּׁה הַיָּפָה הַזֹּאת קוֹרֵאת[1] סֵפֶר עִבְרִי.

This beautiful woman is reading a Hebrew book.

אֵין הָאִשָּׁה הַיָּפָה הַהִיא קוֹרֵאת סֵפֶר עִבְרִי.

That beautiful woman is **not** reading a Hebrew book.

הַיְלָדִים הַקְּטַנִּים הָאֵלֶּה שׁוֹמְעִים מוּזִיקָה.

These small boys hear music.

אֵין הַיְלָדִים הַקְּטַנִּים הָהֵם שׁוֹמְעִים מוּזִיקָה.

Those small boys **don't** hear music.

הַמּוֹרוֹת הָאֵלֶּה נוֹתְנוֹת שִׁעוּר חֶשְׁבּוֹן.

These teachers give a math lesson.

אֵין הַמּוֹרוֹת הָהֵן נוֹתְנוֹת שִׁעוּר חֶשְׁבּוֹן.

Those teachers **don't** give a math lesson.

הַדַּיָּג וְהַצַּיָּד אוֹכְלִים בָּשָׂר וְדָגִים.

The fisherman and the hunter eat meat and fish.

אֵין הַסַּפָּר וְהַנַּגָּר אוֹכְלִים בָּשָׂר וְדָגִים.

The barber and the carpenter **don't** eat meat and fish.

---

(1) See the irregularity of ל״א in the present tense on p. 150.

NEW FORMS AND GRAMMAR RULES

From the text, we learn:

1) The Demonstrative Adjective:

    In the first lesson, we learned the words :

זֶה , זאת , אֵלֶּה   as demonstrative pronouns.

Example: *this is* a book   זֶה סֵפֶר

In this lesson, the same words are used as adjectives. As such, they modify a noun and must have the definite article הַ (see p. 20).

Example:

a) *this is* a book — זֶה סֵפֶר
b) *this is* a woman — זאת אִשָּׁה
c) *these are* boys — אֵלֶּה בָּנִים
d) *these are* girls — אֵלֶּה בָּנוֹת

Compare

a) *this* book is white — הַסֵּפֶר הַזֶּה לָבָן
b) *this* woman is small — הָאִשָּׁה הַזּאת קְטַנָּה
c) *these* boys are good — הַבָּנִים הָאֵלֶּה טוֹבִים
d) *these* girls are good — הַבָּנוֹת הָאֵלֶּה טוֹבוֹת

Remark: The demonstrative adjectives **that, those,** referring to distant objects or persons, are differentiated in Hebrew according to gender and number:

Thus: *that* boy — הַיֶּלֶד הַהוּא
that girl — הַיַּלְדָּה הַהִיא
those boys — הַיְלָדִים הָהֵם
those girls — הַיְלָדוֹת הָהֵן

2) Negation of the Present Tense:

In lesson IV, we learned the use of the word אֵין to express negation of possession. In this lesson, we learn a second use of אֵין to express negation of any verb but in the present tense only.

Thus: David writes — דָּוִד כּוֹתֵב

David *doesn't* write — אֵין דָּוִד כּוֹתֵב

Rule:

To express negation of a verb in the present tense, just put אֵין before the affirmative statement.

3) Many nouns indicating profession have the form:

□ַ□ָּ□

Example: (from this text):

(fisherman) דַּיָּג from the root דוג (fishing)

(hunter) צַיָּד from the root צוד (hunting)

Similarly

(barber) סַפָּר (carpenter) נַגָּר

APPLY AND PRACTICE

A. Translate the Hebrew text into English and back into Hebrew.

B. Construct your own sentences similar in structure to those of the text. Choose different words from the Hebrew vocabulary.

C. Complete the following sentences:

1) הַכִּתָּה ___ זֹאת גְּדוֹלָה וְטוֹבָה אֲבָל ___ כִּתָּה ___ הִיא קְטַנָּה מְאֹד.

2) ___ סִפּוּר הַזֶּה מִזְּמַן נַפּוֹלֵיאוֹן; הַיָּמִים ______ שׁוֹנִים מֵהַזְּמַן ______ .

3) הַתְּמוּנוֹת הָאֵלֶּה קְטַנּוֹת מְאֹד אֲבָל ___ תְּמוּנוֹת ______

גְדולות וְיָפות.

4) ____ הָאִשָּׁה ___ הִיא קוֹנָה בַּיִת כִּי ____ לָהּ כֶּסֶף.

5) ____ הַמּוֹרֶה נוֹתֵן שִׁעוּר מוּזִיקָה כִּי ____ לוֹ זְמַן.

6) ___ סֵפֶר יָפֶה; ____ כִּתָּה גְדולָה; אֵלֶה תַלְמִידִים טובִים.

7) ____ זֶה נָכוֹן; כָּל ___ סִפּוּר ___ זֶה שֶׁקֶר גָדוֹל.

8) ___ דַיָּג ___ זֶה וְהַצַּיָּד ___ הוּא הוֹלְכִים בַּגַּן ___ יָפֶה.

(different שׁוֹנֶה) (true, correct נָכוֹן) (a lie שֶׁקֶר)

D. Translate:

1) These books are heavy but those books are light.
2) That house is very far; I don't see the house from here.
3) This beautiful woman doesn't learn Hebrew.
4) Those days are not like these days.
5) "In those days, in this time" says the Hanukah song (the song of Hanukah).
6) I hear what he is saying but I don't write the words.
7) We don't want to buy this house because it is not big.
8) This is a fat fish and she doesn't like fat fish (*pl.*)
9) The fisherman builds a house and the hunter buys the house.
10) The carpenter works hard like the barber and they don't have much money.

NINTH LESSON שִׁעוּר תְּשִׁיעִי

לַכְּלָבִים יֵשׁ שְׁמִיעָה טוֹבָה מְאֹד.

Dogs have a very good hearing.

לְדָוִד יֵשׁ רְאִיָּה חַלָּשָׁה מְאֹד.

David has (a) very weak **sight** .

הַזְּמַן שֶׁל הַקְּרִיאָה שָׁעָה אַחַת.

The time of the **reading** is one hour.

לַבַּיִת הַגָּדוֹל יֵשׁ כְּנִיסָה קְטַנָּה, אֲבָל יְצִיאָה גְּדוֹלָה.

The big house has a small **entrance** but a large **exit.**

בַּמַּחֲנֶה הַצְּבָאִי, הַשְּׁמִירָה חֲזָקָה מְאֹד.

In the military camp, the **guard**[ing] is very strong.

אֶתְמוֹל אֲנִי שָׁמַרְתִּי בַּמַּחֲנֶה.

Yesterday, I guarded (in) the camp.

אֶתְמוֹל אַתָּה שָׁמַרְתָּ בַּמַּחֲנֶה.

Yesterday you (*ms*) guarded (in) the camp.

אֶתְמוֹל אַתְּ שָׁמַרְתְּ בַּמַּחֲנֶה.

Yesterday you (*fs*) guarded (in) the camp.

אֶתְמוֹל הוּא שָׁמַר בַּמַּחֲנֶה.

Yesterday he guarded (in) the camp.

אֶתְמוֹל הִיא שָׁמְרָה בַּמַּחֲנֶה.

Yesterday she **guarded** (in) the camp.

אֶתְמוֹל אֲנַחְנוּ שָׁמַרְנוּ בַּמַּחֲנֶה.

Yesterday we guarded (in) the camp.

אֶתְמוֹל אַתֶּם שְׁמַרְתֶּם בַּמַּחֲנֶה.

Yesterday you (*mp*) guarded (in) the camp.

אֶתְמוֹל אַתֶּן שְׁמַרְתֶּן בַּמַּחֲנֶה.

Yesterday you (*fp*) guarded (in) the camp.

אֶתְמוֹל הֵם שָׁמְרוּ בַּמַּחֲנֶה.

Yesterday they (*m*) guarded (in) the camp.

אֶתְמוֹל הֵן שָׁמְרוּ בַּמַּחֲנֶה.

Yesterday they (*f*) guarded (in) the camp.

אֶתְמוֹל כָּתַבְתִּי מִכְתָּב אָרֹךְ.

Yesterday, I **wrote** a long letter.

אֶתְמוֹל לֹא יָשַׁבְתָּ עַל הַכִּסֵּא בְּבֵית הַסֵּפֶר.

Yesterday, you (*ms*) **didn't** sit on the chair in school.

הַאִם אָכַלְתְּ אֶת הָעֻגָּה בַּמִּטְבָּח?

Did you (*fs*) eat the cake in the kitchen?

כֵּן, אָכַלְתִּי אֶת הָעֻגָּה בַּמִּטְבָּח.

Yes, I **ate** the cake in the kitchen.

הַאִם הָלַךְ לִקְטֹף פְּרָחִים? לֹא הָלַךְ לִקְטֹף פְּרָחִים.

Did he go to pick flowers? He **didn't** go to pick flowers.

הַאִם חָזְרָה מִן הַטִּיּוּל? עֲדַיִן לֹא חָזְרָה מֵהַטִּיּוּל.

Did she return from the trip? She has not yet returned from the trip.

הַאִם שְׂמַחְתֶּן בַּחֲתֻנָּה? כֵּן, שָׂמַחְנוּ מְאֹד בַּחֲתֻנָּה.

Were you (*fp*) happy at the wedding? Yes, we were very happy at the wedding.

הַאִם הֵם מָצְאוּ אֶת הָאַרְנָק? לֹא, הֵם לֹא מָצְאוּ אֶת הָאַרְנָק.

Did they find the wallet? No, they **didn't** find the wallet.

הַאִם הֵן אָסְפוּ אֶת כָּל הַכֶּסֶף? הֵן לֹא אָסְפוּ אֶת כָּל הַכֶּסֶף.

Did they collect all the money? They **didn't** collect all the money .

NEW FORMS AND GRAMMAR RULES

From the text, we learn:

1) The noun of action has the form: □ְ□ִי□ָה

(□ְ becomes □ֲ for gutturals)

Examples:

(hearing)	שְׁמִיעָה	(reading)	קְרִיאָה
(entry, entrance)	כְּנִיסָה	(exit)	יְצִיאָה
(milking)	חֲלִיבָה	(standing)	עֲמִידָה

For the ל״ה roots, the form changes to □ְ□ִיָּה

Example: action of building בְּנִיָּה

2) The Past Tense:

The text provides a complete model-conjungation of the verb שמר , (guard, watch).

Remember:

a) The person marker is a suffix, which is different for each person, except for הֵן, הֵם

b) The vowel of the first letter is ◌ָ except for אַתֶּן, אַתֶּם , which have ◌ְ

c) For the negation of the past tense, use the word לֹא before the affirmative:

Examples:

I wrote a letter — כָּתַבְתִּי מִכְתָּב

I didn't write a letter. — לֹא כָּתַבְתִּי מִכְתָּב

d) For the interrogative form, put הַאִם before the affirmative.

Examples:

She ate an apple — אָכְלָה תַּפּוּחַ

Did she eat an apple? — הַאִם אָכְלָה תַּפּוּחַ?

APPLY AND PRACTICE

A. Translate the Hebrew text into English and then back into Hebrew.

B. Complete the following sentences, using past tense. (roots of the verbs in parentheses)

1) הַדּוֹדִים (הלך)______ לַקּוֹלְנֹעַ וְ(חזר)______ בַּלַּיְלָה.

2) אַתָּה (כתב)_______ אֶת הַחִבּוּר אֲבָל הִיא לֹא (כתב) _________.

3) יְלָדִים, הַאִם (למד)_________ אֶת הַשִּׁיר הַיָּפֶה?

4) אֵין לָאִישׁ הַזָּקֵן________ טוֹבָה; בְּכָל זֹאת, שָׁמַע אֶת הַקְּרִיאָה.

5) אֲנִי (גמר) _____ אֶת כָּל הָעֲבוֹדָה; שָׂרָה, הַאִם אַתְּ

(גמר) _____?

6) הַנַּגָּר לֹא (לקח) _____ אֶת הַכֶּסֶף כִּי עוֹד לֹא (גמר)

_____ אֶת הָעֲבוֹדָה.

(גמר finish)   (עֲבוֹדָה (n) work)   (לקח take)

(בְּכָל זֹאת nevertheless)

C. Translate:

1) I didn't go to school yesterday and Daddy wrote a letter to the teacher.

2) Dan, did you pick flowers from the garden? Yes, I did (I picked).

3) Boys, you didn't write the exercise and you, girls, you broke the chair.

4) They (f) collected all the money and returned to the classroom.

5) Did they (m) find the white flowers? No, they didn't (find the flowers).

6) She went to the kitchen and ate all the cake.

7) This door has a large entrance and a small exit.

8) Dan finished (the) reading (of all) the entire book.

58

TENTH LESSON שִׁעוּר עֲשִׂירִי

דָן וְדָוִד חֲבֵרִים טוֹבִים, הֵם לוֹמְדִים בְּבֵית סֵפֶר גָּדוֹל וְיֵשׁ לָהֶם הַרְבֵּה חֲבֵרִים בַּכִּתָּה. הַלִּמּוּדִים קָשִׁים וְאֵין לָהֶם הַרְבֵּה זְמַן חָפְשִׁי.

הַמּוֹרֶה הַצָּעִיר נוֹתֵן הַרְבֵּה עֲבוֹדָה לְכָל הַכִּתָּה; הוּא גַּם בּוֹדֵק אֶת הַתַּרְגִּילִים שֶׁלָּהֶם.

הוּא אוֹמֵר לִפְעָמִים: "זֶה נָכוֹן, זֶה טוֹב מְאֹד", וְלִפְעָמִים: "אֵין זֶה נָכוֹן, צָרִיךְ לִלְמֹד עוֹד פַּעַם". בְּסוֹף כָּל שִׁעוּר, הַמּוֹרֶה שׁוֹאֵל: "הַאִם יֵשׁ לָכֶם שְׁאֵלוֹת?" וְהוּא עוֹנֶה עַל הַשְּׁאֵלוֹת שֶׁל הַתַּלְמִידִים. פַּעַם אַחַת, דִּינָה לֹא גָּמְרָה אֶת הַבְּחִינָה, וְהַמּוֹרֶה נָתַן לָהּ צִיּוּן רָע, אֲבָל בְּדֶרֶךְ כְּלָל הִיא תַּלְמִידָה חֲרוּצָה מְאֹד כְּכָל הַתַּלְמִידִים. כָּל הַתַּלְמִידִים רוֹצִים לִלְמֹד; הֵם יוֹשְׁבִים בְּשֶׁקֶט בַּכִּתָּה וְשׁוֹמְעִים לַמּוֹרֶה. בַּהַפְסָקָה, הֵם יוֹצְאִים הַחוּצָה לִקְנוֹת מַשֶּׁהוּ לֶאֱכֹל וְלִשְׁתּוֹת.

הַיּוֹם הֵם כְּבָר יְלָדִים גְּדוֹלִים, הֵם זוֹכְרִים אֶת הַיָּמִים הַיָּפִים כַּאֲשֶׁר הָיוּ קְטַנִּים וְכַאֲשֶׁר לָמְדוּ בְּגַן הַיְלָדִים. בַּיָּמִים הָהֵם, לֹא לָמְדוּ הַרְבֵּה, לֹא חֶשְׁבּוֹן, לֹא קְרִיאָה, לֹא כְּתִיבָה, לֹא אַנְגְּלִית, לֹא הִסְטוֹרְיָה וְלֹא גֵיאוֹגְרַפְיָה, רַק שָׂמְחוּ וְרָקְדוּ כָּל הַזְּמַן.

David and Dan are good friends: they study in a big school and have many friends in the class.
The studies are difficult and they don't have much free time.
The young teacher gives much work to the whole class; he also checks their exercises. He sometimes says: "this is correct, this is very good", and sometimes "this is not correct, it is necessary to learn once more". At the end of every lesson, the teacher asks: "Do you have questions?" and he answers (on) the questions of the students. Once, Dinah didn't finish the exam and the teacher gave (to) her a bad grade, but generally, she is a very diligent student as [are] all the students. All the students want to learn; they sit quietly in the classroom and listen (hear) to the teacher. During (in) recess, they go out to buy something to eat and drink. Today, they are already big children; they remember the nice days when they were little and when they learned in (the) kindergarten. In those days, they didn't learn much, no math, no reading, no writing, no English, no history and no geography; they only enjoyed themselves (were happy) and danced all the time.

NEW FORMS AND GRAMMAR RULES

This text is a review of all the forms and conjugations learned in the previous lessons. There are a few remarks:

1) The Compound Nouns:

a) Indefinite: There is a hyphen between the nouns.

Example:

School (*literally*: house of book) = בֵּית־סֵפֶר

Hospital (*literally*: house of sick people) = בֵּית־חוֹלִים

b) Definite: Only the second noun takes the article הַ.

Example: (*the* school) בֵּית הַסֵּפֶר

(*the* hospital) בֵּית הַחוֹלִים

2) קָשִׁים is the masc. pl. of קָשֶׁה (hard, difficult);

קָשָׁה is the fem. sing.

קָשׁוֹת is the fem. pl.

the same applies to: יָפֶה (nice, beautiful)

יָפִים m.p.;

יָפָה f.s.;

יָפוֹת f.p.

3) הַחוּצָה means "towards the outside". The ending ◌ָה shows direction.

Example: towards the house; הַבַּיְתָה

towards the Land (Israel). אַרְצָה

APPLY AND PRACTICE

A. Translate the Hebrew text into English and back into Hebrew.

B. Prepare for an oral conversation.

C. Select all the verbs in the text and analyze them according to root, tense and person.

D. Find in this text all the forms learned in the previous lessons.

Example:

the young teacher =	הַמּוֹרֶה הַצָּעִיר
this is correct =	זֶה נָכוֹן
this is *not* correct =	אֵין זֶה נָכוֹן

In case of difficulty, review the corresponding lesson.

שִׁעוּר אַחַד־עָשָׂר ELEVENTH LESSON

דָּוִד: דָּן, מָתַי תִּגְמֹר לִכְתֹּב אֶת חִבּוּרְךָ?

דָּן: אֲנִי אֶגְמֹר אֶת חִבּוּרִי כַּאֲשֶׁר כֻּלָּם יִגְמְרוּ אֶת חִבּוּרָם, אוּלַי מָחָר.

דָּוִד: אֲבָל אַתָּה יוֹדֵעַ שֶׁדִּינָה וְדַפְנָה לֹא תִּגְמֹרְנָה אֶת חִבּוּרָן כָּל כָּךְ מַהֵר.

דָּן: לֹא אִכְפַּת לִי, שִׁמְעוֹן יִגְמֹר אֶת חִבּוּרוֹ וְשָׂרָה תִּגְמֹר אֶת חִבּוּרָהּ.

דָּוִד: שָׁאַלְתִּי אֶת דַּפְנָה: ״הַאִם תִּגְמְרִי אֶת חִבּוּרֵךְ?״ וְהִיא אָמְרָה: ״צָרִיךְ לִשְׁאֹל אֶת דִּינָה כִּי שְׁתֵּינוּ כּוֹתְבוֹת בְּיַחַד״. אָז שָׁאַלְתִּי אֶת שְׁתֵּיהֶן: ״הַאִם תִּגְמֹרְנָה אֶת חִבּוּרְכֶן?״

וְהֵן אָמְרוּ: ״כֵּן, נִגְמֹר אֶת חִבּוּרֵנוּ אַחֲרֵי הַמַּבּוּל״.

דָן : אֲנִי בָּטוּחַ, דָוִד, שֶׁאַתָּה וְשִׁמְעוֹן תִּגְמְרוּ אֶת חִבּוּרְכֶם לִפְנֵי כֻּלָּם.

דָוִד: אוּלַי, אִם נִלְמַד טוֹב וְנִשְׁמַע לַמּוֹרֶה.

דָן : בְּוַדַּאי, גַּם אֲנִי אֶשְׁמַע לַמּוֹרֶה וְאֶלְמַד טוֹב; אֲנִי חוֹשֵׁב שֶׁגַּם שִׁמְעוֹן יִשְׁמַע לַמּוֹרֶה וְיִלְמַד טוֹב; גַּם הַבָּנוֹת תִּשְׁמַעְנָה לַמּוֹרֶה וְתִלְמַדְנָה טוֹב.

David: When **will** you finish writing (to write) **your** composition?

Dan: **I will finish my** composition when everybody (all of them) **will finish their** composition, perhaps tomorrow.

David: But you know that Dinah and Dafnah **will not finish their** composition so quickly.

Dan: **I don't care.** Simon **will finish his** composition and Sarah **will finish her** composition.

David: I asked Dafnah: **"Will you finish** your composition"? and she said: "[One] must ask Dinah because both of us write together". Then I asked both of them: **"Will you finish** your composition"?

And they said: "Yes, **we will finish our** composition after the deluge" (i.e. never).

Dan: I am sure, David, that you and Simon **will finish** your composition before all (of them).

David: Perhaps, if **we learn** well and **we obey** (hear to) the teacher.

Dan: Surely, I also **will obey** the teacher and **I will learn** well; I think that Simon also **will obey** the teacher and **will learn** well; the girls also **will obey** the teacher and **will learn** well.

NEW FORMS AND GRAMMAR RULES

From the text, we learn:
1) The Future Tense:
   To form the *present* and the *past* tense, we used suffixes. To form the *future* we use prefixes to differentiate between persons, although some persons require suffixes as well. The prefixes are א, י, נ, ת
   We distinguish between two kinds of "future" which we shall call "future o" and "future a".

Here are two model conjugations:

1. Future "O" (ֹ□)	(finish	גמר)
I will finish	אֶגְמֹר	אֲנִי
you will (*ms*) finish	תִּגְמֹר	אַתָּה
you (*fs*) will finish	תִּגְמְרִי	אַתְּ
he will finish	יִגְמֹר	הוּא
she will finish	תִּגְמֹר	הִיא
we will finish	נִגְמֹר	אֲנַחְנוּ
you (*mp*) will finish	תִּגְמְרוּ	אַתֶּם
you (*fp*) will finish	תִּגְמֹרְנָה	אַתֶּן
they (*m*) will finish	יִגְמְרוּ	הֵם
they (*f*) will finish	תִּגְמֹרְנָה	הֵן

2. Future "A" (◌ַ)   (hear שמע)

I will hear	אֶשְׁמַע	אֲנִי
you (ms) will hear	תִּשְׁמַע	אַתָּה
you (fs) will hear	תִּשְׁמְעִי	אַתְּ
he will hear	יִשְׁמַע	הוּא
she will hear	תִּשְׁמַע	הִיא
we will hear	נִשְׁמַע	אֲנַחְנוּ
you (mp) will hear	תִּשְׁמְעוּ	אַתֶּם
you (fp) will hear	תִּשְׁמַעְנָה	אַתֶּן
they (m) will hear	יִשְׁמְעוּ	הֵם
they (f) will hear	תִּשְׁמַעְנָה	הֵן

Note: Generally, the vowel of the second root-letter is

◌ֹ (future o).

However, the ◌ֹ is changed to ◌ַ (future a)
when:

a) the second root-letter is   א , ה , ח , ע

Example: שאל , צהל , פחד , רעד

b) the third root-letter is ע or ח

Example :   שמח, שמע

If the third root-letter is א , this is still a
"future a" but the ◌ַ   becomes a ◌ָ
אֶקְרָא instead of   אֶקְרַא

c) the following verbs also have a "future a"

לבש, למד, רכב, שכב,

אֶלְבַּשׁ, אֶלְמַד, אֶרְכַּב, אֶשְׁכַּב,

(see p. 152)

Negation in the Future·

Just as in the past-tense; put לֹא before the affirmative.

Interrogation in the Future:

Just as in the past tense, use הַאִם before the verb.

2) The Hebrew words מָתַי and כַּאֲשֶׁר are both translated as "when". But מָתַי is used as an interrogative, and כַּאֲשֶׁר as a conjunction (when... , then...).

3) The Cardinal Number "Two" has various forms, as follows: [1]

	fem.	*masc.*
When not followed by a noun	שְׁתַּיִם	שְׁנַיִם
When followed by a noun	שְׁתֵּי	שְׁנֵי
Both of them	שְׁתֵּיהֶם	שְׁנֵיהֶם
Both of us	שְׁתֵּינוּ	שְׁנֵינוּ
Both of you	שְׁתֵּיכֶן	שְׁנֵיכֶם

Example:

Do you have (any) books?   הַאִם יֵשׁ לְךָ סְפָרִים?

Yes, I have two.   כֵּן, יֵשׁ לִי שְׁנַיִם.

But notice: יֵשׁ לִי שְׁנֵי בָּנִים וּשְׁתֵּי בָּנוֹת

I have two sons and two daughters.

יֵשׁ לִי שְׁנֵי בָּנִים; שְׁנֵיהֶם תַּלְמִידִים טוֹבִים.

I have two sons; both of them [are] good students.

---

(1) For other cardinal numbers, see lesson XV, and appendix p. 182 .

4) The Possessive Adjective:

We have used (in the Third Lesson) a certain form of expressing relationship or possession:

אֲנַחְנוּ חֲבֵרִים טוֹבִים שֶׁל דָוִד;

We are good friends of David.

In this lesson, a more concise form is introduced. This can be seen in the declension of the nouns:

essay, composition חִבּוּר

חִבּוּרִי, חִבּוּרְךָ, חִבּוּרֵךְ, חִבּוּרוֹ, חִבּוּרָהּ,

חִבּוּרֵנוּ, חִבּוּרְכֶם, חִבּוּרְכֶן, חִבּוּרָם, חִבּוּרָן.

This is a model declension of a regular noun in the masculine singular (with no vowel or consonant changes, only the addition of the suffixes).

Complete the declension of these nouns and memorize the endings.

story	סִפּוּרִי, סִפּוּרְךָ,
uncle	דוֹדִי, דודך,
song	שִׁירִי, שירך,
voice	קוֹלִי, קולך,
lesson	שִׁעוּרִי, שעורך,
newspaper	עִתּוֹנִי, עתונך,
letter	מִכְתָּבִי, מכתבך,
pen	עֵטִי, עטך,
garden.	גַּנִּי, גנך,

APPLY AND PRACTICE

A. Translate the Hebrew text into English and then back into Hebrew.

B. Complete the following sentences, using the proper form of the missing word or suffix. Use verbs in the future tense. Roots are given in parentheses.

1) מָחָר אֲנַחְנוּ (למד) ________ אֶת הַשִּׁעוּר וְ(כתב)
________ אֶת הַתַּרְגִּיל.

2) שְׁתֵּיהֶן, רִנָּה וְשָׂרָה, (גמר) ________ אֶת הָעֲבוֹדָה
וְ(שמע) ________ מוּזִיקָה.

3) שְׁנֵינוּ, דָּוִד וַאֲנִי, (רכב) ________ עַל סוּס לָבָן וְיָפֶה,
מָחָר בַּבֹּקֶר.

4) אֲנִי (למד) ________ שִׁעוּר_, (סגר) ________ אֶת הַדֶּלֶת
וְ(שמע) ________ מוּזִיקָה.

5) הִיא (שבר) ________ אֶת הַדֶּלֶת וְלֹא (פתח) ________
אֶת הַחַלּוֹן.

6) (הָעִתּוֹן שֶׁלָּהּ) ________ מָלֵא סִפּוּרִים; אֲנִי (קרא)
________ אֶת עִתּוֹנ_ (שֶׁלִּי) מָחָר.

7) אַתֶּם (סלח) ________ לִי אִם אֲנִי (שכח) ________
לִכְתֹּב לָכֶם.

8) דוֹד_ (שֶׁל דָוִד) שָׁמֵן; הוּא (שמר) ________ עַל מִשְׁקָל_.

9) אַתָּה (שמח) ________ מְאֹד אִם הִיא (שלח) ________
לְךָ מִכְתָּב.

10) אֲנַחְנוּ שְׁנֵי___, אַתֶּן שְׁתֵּי____ וְהֵם שְׁנֵי____ (שתק)
________ וְ(שמע) ________.

(shut סגר)	(open פתח)	(forget שכח)
(door דֶלֶת)	(full מָלֵא)	(weight מִשְׁקָל)
(break שבר)	(forgive סלח)	(send שלח)
		(keep silent שתק)

C. Translate: (Pay attention to *future* "o" and "a")

1) Yesterday, we didn't learn our lesson but we will learn tomorrow.
2) When will you shut this door, David? I will shut the door when I will finish.
3) All the girls will wear the beautiful dresses and will dance.
4) If he will learn well and write the exercise, he will [be] very happy שׂמח .
5) Both of them (*m*) will guard in the camp and will not flee from there.
6) Your story, girls, is very long but my story is short.
7) I see both of you, Sarah and Miriam; when will you write your letter?
8) She will break her pen and will not write her exercise.
9) Will they open the door when I will shout?
10) Two teachers (*m*) and two teachers (*f*) will read the long composition.

TWELFTH LESSON שִׁעוּר שְׁנֵים־עָשָׂר

הַמּוֹרֶה : דָּן, אִם לֹא כָּתַבְתָּ אֶת הַשִּׁעוּר בַּבַּיִת, **כְּתֹב** אֶת הַשִּׁעוּר בַּכִּתָּה, בְּבַקָּשָׁה.

דָּן : טוֹב אֲנִי אֶכְתֹּב אֶת שִׁעוּרִי בַּכִּתָּה.

הַמּוֹרֶה : גַּם אַתְּ, דִּינָה, **כִּתְבִי** אֶת שִׁעוּרֵךְ כָּאן, אֲבָל אַתֶּם, שִׁמְעוֹן וְדָוִד, **אַל** תִּכְתְּבוּ אֶת שִׁעוּרְכֶם בַּכִּתָּה, **כִּתְבוּ** בַּבַּיִת.

דִּינָה וְדַפְנָה: הַמּוֹרֶה, הַאִם גַּם אֲנַחְנוּ צְרִיכוֹת לִכְתֹּב אֶת הַשִּׁעוּר בַּכִּתָּה?

הַמּוֹרֶה : זֶה תָּלוּי; אִם כְּתַבְתֶּן בַּבַּיִת **אַל** תִּכְתֹּבְנָה כָּאן, אֲבָל אִם לֹא כְּתַבְתֶּן בַּבַּיִת, **כְּתֹבְנָה** אֶת שִׁעוּרְכֶן כָּאן בְּבַקָּשָׁה.

דָּן : הַאִם אֲנִי צָרִיךְ לִלְמֹד אֶת כָּל הַפֶּרֶק?

הַמּוֹרֶה : כֵּן דָּן, **לְמַד** כָּל הַפֶּרֶק, וְאַתֶּן, דִּינָה וְדַפְנָה, **שְׁלַחְנָה** לִי אֶת כָּל מַה שֶּׁתִּכְתֹּבְנָה. אֵין צֹרֶךְ

לִכְתֹב מַהֵר מְאֹד. רֵאשִׁית כֹּל, **לְמַדְנָה** יָפֶה
אֶת כָּל הַחֹמֶר; אַחַר כַּךְ, **כְּתֹבְנָה** אֶת הָעֲבוֹדָה
עַל טְיוּטָה **וּבְדֹקְנָה** הֵיטֵב כָּל שׁוּרָה וְשׁוּרָה.

דִינָה וְדַפְנָה: כֵּן הַמּוֹרֶה, שָׁמַעְנוּ אֶת מַה שֶׁאָמַרְתְּ לָנוּ וְנִכְתֹּב
עֲבוֹדָה טוֹבָה.

Teacher: Dan, if you didn't write the homework (lesson) at home, **write** the lesson in the classroom, please.

Dan: Well, I will write my lesson in class.

Teacher: Also you, Dinah,**write** your lesson here but you, Simon and David, **don't write** your lesson in class; **write** at home.

Dinah and Dafnah:
Teacher, must we, too, write the lesson in class?

Teacher: It depends: If you wrote at home, **don't write** here, but if you didn't write at home, **write** your lesson here please.

Dan: Must I learn the whole (all the) chapter?

Teacher: Yes, Dan, **learn** the whole chapter, and you, Dinah and Dafnah, **send** (to) me all that you will write. There is no need to write very fast. First of all, **learn** well all the material; then, **write** the work on a draft and **check** well each and every line

Dinah and Dafnah:
Yes teacher, we heard what (that) you said to us and we will write a good composition (work).

NEW FORMS AND GRAMMAR RULES

1) The Imperative:

It has only four forms. They are obtained by taking the four "you" forms of the future tense and omitting their prefixes.

Rule: Imperative = future without prefix.

Examples:

	(*fp*)	(*mp*)	(*fs*)	(*ms*)
Imperative "o" (from future "o"):	גְמֹרְנָה	גִמְרוּ	גִמְרִי	גְמֹר
Imperative "a" (from future "a"):	לְמַדְנָה	לִמְדוּ	לִמְדִי	לְמַד

For the negation of the imperative, use **לֹא** or **אַל** followed by the future:

Examples:

don't learn	אַל תִלְמַד!	learn	לְמַד!
don't write	לֹא תִכְתֹב!	write	כְתֹב!

לֹא is mostly used in Biblical Hebrew.

don't (thou shalt not) steal **לֹא תִגְנֹב**

don't (thou shalt not) kill **לֹא תִרְצַח**

2) צָרִיךְ is a verb (must, need);

צְרִיכוֹת (*fp*); צְרִיכִים (*mp*); צְרִיכָה (*fs*)

יָכוֹל is a verb (can, may);

יְכוֹלוֹת (*fp*); יְכוֹלִים (*mp*); יְכוֹלָה (*fs*)

APPLY AND PRACTICE

A. Translate the Hebrew text into English and then back into Hebrew.

B. Complete the following:

(Use the imperative; the root is in parentheses).

1) דָּן, (כתב) ________ בְּבַקָּשָׁה אֶת הַתַּרְגִּיל עַל הַלּוּחַ.

2) בָּנוֹת, (סגר) ________ בְּבַקָּשָׁה אֶת הַדֶּלֶת מִפְּנֵי שֶׁקַּר מְאֹד.

3) שָׂרָה, (סלח) ______לִי מְאֹד אֲבָל אֵין אֲנִי יְכוֹלָה לִגְמֹר אֶת הָעֻגָּה.

4) יְלָדִים, (שמע) ______כָּל מַה שֶּׁהִיא אוֹמֶרֶת לָכֶם וְ(קרא) ______ אֶת הַסֵּפֶר.

5) אַל (שבר) ______ אֶת הָעֵט, יַלְדָּה; אֲנִי צְרִיכָה לִכְתֹּב מִכְתָּב.

6) (זכר) ______, תַּלְמִידִים, אֶת הַדְּבָרִים שֶׁלִּי: (אמר) ______ אֶת הָאֱמֶת.

7) תַּלְמִידוֹת, (שלח) ______ בְּבַקָּשָׁה אֶת חִבּוּר_ לְמִשְׂרָד_ (שֶׁלִּי).

(words דְּבָרִים)	(cold קַר)
(truth אֱמֶת)	(cake עֻגָּה)

C. Translate:

1) David, write your exercise on white paper.
2) You, boys, don't keep all the money in your pocket; they will steal the money.
3) Shut all the windows, Rinah; [it is] very cold here.
4) Sarah and Miriam, learn the song by heart (בְּעַל פֶּה) and don't forget [it] .
5) All the students (*m*) must find time to read your composition, Sarah.
6) If you (*fs*) read a long chapter, don't forget to write a few words.
7) Will you (*mp*) remember to send a letter to your uncle?
8) I will not hear, I will not learn and I will not send a present.

THIRTEENTH LESSON　　　　　　שִׁעוּר שְׁלֹשָׁה־עָשָׂר

דָּוִד　　: זֶה הַיֶּלֶד אֲשֶׁר צָעַק בַּכִּתָּה; שְׁמוֹ אוּרִי.

הַמּוֹרֶה: הַאִם זֶה אוּרִי אֲשֶׁר שָׁמַעְתִּי?

אוּרִי, הַאִם זֶה נָכוֹן שֶׁצָּעַקְתָּ בַּכִּתָּה?

אוּרִי　: כֵּן הַמּוֹרֶה, צָעַקְתִּי מִפְּנֵי שֶׁדִּינָה צָבְטָה אוֹתִי.

דִּינָה　: לֹא נָכוֹן, הַמּוֹרֶה; אוּרִי צָעַק לִפְנֵי שֶׁצָּבַטְתִּי אוֹתוֹ.

הַמּוֹרֶה: שֶׁקֶט יְלָדִים, כִּתְבוּ אֶת הַתַּרְגִּיל אֲשֶׁר אָמַרְתִּי
לָכֶם, צָרִיךְ לִגְמֹר אוֹתוֹ בְּעוֹד חֲצִי שָׁעָה; מִי שֶׁלֹּא
יִגְמֹר אוֹתוֹ לֹא יִקְטֹף פְּרָחִים בַּגַּן; מִי שֶׁלֹּא יִלְמַד
טוֹב אוֹ מִי שֶׁלֹּא יִשְׁמַע לַמּוֹרֶה, לֹא יִשְׂמַח בִּזְמַן
הַבְּחִינוֹת.

David:　　This is the boy **who** shouted in the classroom;
　　　　　his name is Uri.

Teacher: Is this Uri **whom** I heard? Uri, is it true that you
　　　　　shouted in class?

76

Uri: Yes, teacher, I shouted because Dinah pinched **me.**

Dinah: Not true, teacher; Uri shouted before (that) I pinched **him.**

Teacher: Quiet, children, write the exercise **which** I told you (said to you). [You] must finish **it** in half an hour. **He who** will not finish **it** will not pick flowers in the garden; **he who** will not learn well or **he who** will not obey the teacher, will not be happy at the time of the exams.

שָׁמַעְתִּי אֶת דִּינָה = שָׁמַעְתִּי **אוֹתָהּ**

I hear Dinah = I heard **her.**

אַתְּ פָּגַשְׁתְּ אֶת הַמּוֹרֶה = פָּגַשְׁתְּ **אוֹתוֹ.**

You (*fs*) met the teacher = you met **him.**

אַתָּה אוֹהֵב כָּל הַיְלָדִים = אַתָּה אוֹהֵב **אוֹתָם**

You (*ms*) like all the children = you like **them** (*m*).

הֵם גָּמְרוּ אֶת הָעֲבוֹדָה = הֵם גָּמְרוּ **אוֹתָהּ**

They (*m*) finished the job = they finished **it.**

אַתָּה רוֹאֶה **אוֹתָנוּ** וַאֲנַחְנוּ רוֹאִים **אוֹתְךָ**

You (*ms*) see **us** and we see **you** (*ms*).

אַתֶּם רוֹאִים **אוֹתִי** וַאֲנִי רוֹאֶה **אֶתְכֶם.**

You (*mp*) see **me** and I see **you** (*mp*).

אַתֶּן רוֹאוֹת **אוֹתָן** וְהֵן רוֹאוֹת **אֶתְכֶן.**

You (*fp*) see **them** (*f*) and they (*f*) see **you** (*fp*).

אַתְּ שׁוֹמַעַת **אוֹתוֹ** וְהוּא שׁוֹמֵעַ **אוֹתָךְ.**

You (*fs*) hear **him** and he hears **you** (*fs*).

NEW FORMS AND GRAMMAR RULES

1) The Relative Pronoun:

There is only one in Hebrew: אֲשֶׁר which is used for the English "who" (subj. for persons) "whom" (obj. for persons) "which" (subject and object for things); "that".

The word אֲשֶׁר has a contracted form שֶׁ which must be attached to the word following it.

Example:

a) persons — subject (the boy who shouted) =

הַיֶּלֶד אֲשֶׁר צָעַק (שֶׁצָּעַק)

b) persons — object (the man whom I heard) =

הָאִישׁ אֲשֶׁר שָׁמַעְתִּי (שֶׁשָּׁמַעְתִּי)

c) things — subject (the wall which fell) =

הַקִּיר אֲשֶׁר נָפַל (שֶׁנָּפַל)

d) things — object (the pen which I broke) =

הָעֵט אֲשֶׁר שָׁבַרְתִּי (שֶׁשָּׁבַרְתִּי)

2) Declension of the particle אֶת (dir. obj. pronoun):

In the second part of the text, we find: אוֹתִי me (dir. obj.); אוֹתְךָ you, etc.

Here is the full declension, in the regular order:

אוֹתִי, אוֹתְךָ, אוֹתָךְ, אוֹתוֹ, אוֹתָהּ,

אוֹתָנוּ, אֶתְכֶם, אֶתְכֶן, אוֹתָם, אוֹתָן

Remember: There is no neuter gender in Hebrew:

no it, (only masculine and feminine).

78

3) In Hebrew, the word *before* has two equivalents:

a) לִפְנֵי preceding a noun:

Example: אֶגְמֹר לִפְנֵי דּוֹדִי

I will finish *before* my *uncle*

b) לִפְנֵי שֶׁ... preceding a verb:

Example: אֶגְמֹר לִפְנֵי שֶׁדּוֹדִי יִגְמֹר

I will finish *before* my uncle *finishes*

APPLY AND PRACTICE

A. Translate the Hebrew text into English and then back into Hebrew.

B. Construct 8-10 sentences modeled after the second part of the text, using new vocabulary.

C. Complete the following sentences: (with relative pronouns or personal pronouns – direct object).

1) שִׁמְעוֹן, הַתַּפּוּחַ ______ קָטַפְתָּ מִן הָעֵץ יָפֶה וְטָעִים.

2) יְלָדִים, אַל תִּשְׁכְּבוּ בַּמִּטָּה לִפְנֵי __תִּסְגְּרוּ אֶת הַדֶּלֶת.

3) הַגֶּשֶׁם ______ יָרַד כָּל הַיּוֹם עָזַר לָעֵצִים לִגְדֹּל.

4) אֲנִי אֶגְמֹר אֶת הַשִּׁיר לִפְנֵי הָעֶרֶב; אַתָּה תִּגְמֹר ______ מָחָר.

5) הָאֵם לֹא שָׁמְעָה אֶת הַיְלָדִים __צָעֲקוּ כָּל הַזְּמַן; הִיא לֹא שָׁמְעָה ______.

6) אֵין אַתָּה רוֹאֶה אֶת הָעֵץ ‪_‬נָפַל; אֵין אַתָּה רוֹאֶה ‪_____.‬

7) הַאִם כָּתַבְתְּ אֶת הַבְּחִינוֹת ‪_‬הַמּוֹרֶה נָתַן? הַאִם כָּתַבְתְּ

‪_____‬ ?

8) אֲנַחְנוּ קוֹנִים סַפָּה חֲדָשָׁה; הַאִם אַתֶּם רוֹצִים לִרְאוֹת

‪_____‬ ?

(tasty	טָעִים)	(to grow	לִגְדֹּל)
(bed	מִטָּה)	(evening	עֶרֶב)
(go down	ירד)	(give	נתן)
(help (v)	עזר)	(new	חָדָשׁ)

D. Translate:

1) Dan, did you hear this beautiful song? Yes, I heard it.

2) Sarah, where did you go? I met her but I didn't meet you.

3) You (mp) see us now but we don't see you from our place.

4) I (f) remember you, David, and I want to meet you again.

5) This is the stone (f) which fell on my head and which (וַאֲשֶׁר) I hate.

6) The man who went into the garden jumped suddenly into the river.

7) The girl whom I didn't meet yesterday went out with someone else (מִישֶׁהוּ אַחֵר)

8) She finished before all the students and left.

80

FOURTEENTH LESSON — שִׁעוּר אַרְבָּעָה־עָשָׂר

אוּרִי: עוּזִי, מַדּוּעַ אַתָּה יוֹשֵׁב עַל הַכִּסֵּא הַשָּׁבוּר?

עוּזִי: מִפְּנֵי שֶׁאֵין לִי כִּסֵּא יוֹתֵר טוֹב מִזֶּה.

אוּרִי: הַכִּתָּה פְּתוּחָה, לֵךְ וְקַח כִּסֵּא חָזָק.

עוּזִי: אֵינִי (אֵין אֲנִי) יָכוֹל, כָּתוּב עַל הַלּוּחַ שֶׁאָסוּר לְהִכָּנֵס[1]
לַכִּתָּה.

אוּרִי: חֲבָל שֶׁאֵינְךָ יָכוֹל, שֵׁב בִּזְהִירוּת.

עוּזִי: אַל תִּדְאַג, אוּרִי, הָרַגְלַיִם שֶׁל הַכִּסֵּא קְשׁוּרוֹת בְּחֶבֶל
עָבֶה.

אוּרִי: כֵּן, אֲבָל הַמַּסְמְרִים חֲלוּדִים וְהָעֵץ רָקוּב.

עוּזִי: הִנֵּה שָׁם כִּסֵּא פָּנוּי; אֲנִי אֶתְפֹּס אֶת הַמָּקוֹם לִפְנֵי
שֶׁמִּישֶׁהוּ אַחֵר יִתְפֹּס אוֹתוֹ.

אוּרִי: טוֹב מְאֹד, זֶה הַרְבֵּה יוֹתֵר בָּטוּחַ, פָּשׁוּט דָּאַגְתִּי

(1) This is the infinitive of another pattern called "Nifâl" (passive).

לִבְרִיאוּתְךָ; אַף פַּעַם לֹא רָצוּי לָשֶׁבֶת עַל כִּסֵּא
שָׁבוּר.

עוּזִי: תּוֹדָה רַבָּה לְךָ, אוּרִי. הַכִּסֵּא הַזֶּה עָשׂוּי מִבַּרְזֶל;
גַּם הַמַּכְתֵּבָה עֲשׂוּיָה מִבַּרְזֶל; כָּל הַכִּסְאוֹת הָאֵלֶּה
עֲשׂוּיִים מִבַּרְזֶל; כָּל הַמַּכְתֵּבוֹת עֲשׂוּיוֹת מִבַּרְזֶל;
כַּיָּדוּעַ לְךָ, הַבַּרְזֶל יוֹתֵר חָזָק מֵהָעֵץ וְגַם פָּחוֹת
יָקָר מִמֶּנּוּ.

Uri: Uzi, why are you sitting on the **broken** chair?

Uzi: Because I don't have a **better** chair **than** this [one].

Uri: The classroom is **open, go** and **take** a strong chair.

Uzi: I cannot. [It is] **written** on the board that [it is] **forbidden** to enter (to) the class.

Uri: Too bad that you can't; **sit** cautiously.

Uzi: Don't worry, Uri. The legs of the chair [are] **bound** with a thick rope.

Uri: Yes, but the nails [are] **rusted** and the wood [is] **rotten.**

Uzi: There is, there, an **unoccupied** chair; I will catch the seat before (that) someone else will catch it.

Uri: Very well, this is much more **secure**.
I **simply** worried about your health; [it is] never desirable to sit on a **broken** chair.

Uzi: Thank you very much, Uri. This chair [is] **made** of iron; the desk [is] also **made** of iron; all these chairs [are] **made** of iron; all the desks [are] **made** of iron; as [it is] **known** to you, (the) iron [is] strong**er than** (the) wood and also **less** expensive **than** it.

NEW FORMS AND GRAMMAR RULES

From the text we learn:

1) The Past Participle:

For strong roots:	□ָ□וּ□	שבר
for ל״ה :	□ָ□וּי	בנה

Example:

(*fp*)	(*mp*)	(*fs*)	(*ms*)	
שְׁבוּרוֹת	שְׁבוּרִים	שְׁבוּרָה	שָׁבוּר	(broken)
בְּנוּיוֹת	בְּנוּיִים	בְּנוּיָה	בָּנוּי	(built)

2) Some Irregular Imperatives:

In פ״י and פ״נ roots, and also in (go) הלך
(take) לקח
the first letter of the root disappears.

Example:

(*fp*)	(*mp*)	(*fs*)	(*ms*)	root	
שֵׁבְנָה	שְׁבוּ	שְׁבִי	שֵׁב	(sit)	ישב
סַעְנָה	סְעוּ	סְעִי	סַע	(travel)	נסע
לֵכְנָה	לְכוּ	לְכִי	לֵךְ	(go)	הלך
קַחְנָה	קְחוּ	קְחִי	קַח	(take)	לקח

Note: In the future tense the first letter of the root also disappears. (See p. 152)

Example:	(I will sit)	אֵשֵׁב
	(she will go)	תֵּלֵךְ

3) The Comparative Degree:

a) equality: use כְּמוֹ (or ...כְּ) after the adjective.

Example:

הוּא שָׁמֵן כְּמוֹ דָּוִד or הוּא שָׁמֵן כְּדָוִד

He is as fat as David

b) superiority: use יוֹתֵר before the adjective and מִן (or ...מִ) after it.

Example:

הוּא יוֹתֵר חָכָם מִן הַמֶּלֶךְ or הוּא יוֹתֵר חָכָם מֵהַמֶּלֶךְ

He is wiser than the king.

c) inferiority: replace יוֹתֵר (more) with פָּחוֹת (less).

Example:

He is less rich than Dan. הוּא פָּחוֹת עָשִׁיר מִדָּן

4) We have already learned that אֵין is used for negation in the present tense (Lesson VIII).

Example:

David doesn't learn Hebrew. אֵין דָּוִד לוֹמֵד עִבְרִית

But if the subject is expressed by means of a pronoun, decline אֵין according to the person.

Example:

אֵין אֲנִי לוֹמֵד עִבְרִית or אֵינִי לוֹמֵד עִבְרִית

I don't learn Hebrew

אֵין אַתֶּם שׁוֹתִים קָפֶה or אֵינְכֶם שׁוֹתִים קָפֶה

You (mp) don't drink coffee.

For the complete declension of all the particles, see
p.147.

Here are the declensions of אֵין and כְּמוֹ

אֵינִי¹, אֵינְךָ, אֵינֵךְ, אֵינוֹ², אֵינָהּ³, אֵינֶנּוּ, אֵינְכֶם, אֵינְכֶן, אֵינָם,
אֵינָן.

כָּמוֹנִי, כָּמוֹךָ, כָּמוֹךְ, כָּמוֹהוּ, כָּמוֹהָ, כָּמוֹנוּ, כְּמוֹכֶם, כְּמוֹכֶן,
כְּמוֹהֶם, כְּמוֹהֶן.

---

(1) or אֵינֶנִּי   (2) or אֵינֶנּוּ   (3) or אֵינֶנָּה

APPLY AND PRACTICE

A. Translate the Hebrew text into English and then back
   into Hebrew.

B. Complete the following sentences (past participles,
   אֵין , comparative).

1) הַשֻּׁלְחָן הַזֶּה (שבר) _____ ; גַּם הָרַגְלַיִם שֶׁלּוֹ
   (שבר)_____ .

2) מָצָאנוּ אֶת הַיַּלְדָּה (קשר)_____ לַמִּטָּה בְּחֶבֶל עָבֶה.

3) קָשֶׁה לִמְצֹא כִּסֵּא (פנה) _____ בָּאוֹטוֹבּוּס; כָּל
   הַמְּקוֹמוֹת (תפס) _____ .

4) הַלּוּחַ הַזֶּה (עשה) _____ מֵעֵץ אֲבָל הַדֶּלֶת הַזֹּאת
   (בנה) _____ מִבַּרְזֶל.

5) (ידע) _____ לָנוּ שֶׁכִּסֵּא (שבר) _____ פָּחוֹת יָקָר
   מִכִּסֵּא חָדָשׁ.

85

6) הַתַּפּוּחִים הָאֵלֶּה (רקב) ________ וְ(אסר) ________ לֶאֱכֹל אוֹתָם.

7) חֲבָל שֶׁאֵינְ___ יְכוֹלִים, יְלָדִים, לִקְרֹא כָּמוֹ___ (כְּמוֹ שָׂרָה).

8) הוּא חָזָק ___שִׁמְשׁוֹן הַגִּבּוֹר; הוּא יוֹתֵר חָזָק ___כָּל הַתַּלְמִידִים.

9) אַף עַל פִּי שֶׁאֵין חָכָם כָּמוֹ___, הוּא (ישב) ________ וְ(למד) ________ כְּמוֹ כֻּלָּם.

10) הַתַּרְגִּילִים הָאֵלֶּה (פשט) ________ מְאֹד; גָּמַרְתִּי אוֹתָם מַהֵר מְאֹד.

(even though	אַף עַל פִּי שֶׁ)	(forbid	אסר)
(quickly	מַהֵר)	(eat	אכל)
(Samson	שִׁמְשׁוֹן)	(hero	גִּבּוֹר)

C. Translate:

1) All the beds are broken and I cannot find a good bed.

2) They have already sold all the reserved (kept) seats (places).

3) This high tower is built of stone which is stronger than wood.

4) Uri, give the open letters to the teacher and sit on the sofa.

5) They (*f*) are not going to the hospital to see the wounded boy.

6) Boys, go to the kitchen and take something baked to eat.

7) Here the situation is reversed (הֵפֶךְ); it is cold in the summer.

8) Dan doesn't want to open the closed door.

9) A chair made of iron is heavier than a chair made of wood.

10) Rinah is less beautiful than Sarah but both of them are nice (חָמַד).

FIFTEENTH LESSON — שִׁעוּר חֲמִשָּׁה־עָשָׂר

שָׂרָה: דִּינָה, אִמְרִי לִי בְּבַקָּשָׁה, כַּמָּה בָּנִים יֵשׁ לָנוּ בַּכִּתָּה?

דִּינָה: אֲנִי חוֹשֶׁבֶת שֶׁיֵּשׁ לָנוּ שְׁמוֹנָה בָּנִים.

שָׂרָה: וְכַמָּה בָּנוֹת?

דִּינָה: שֶׁבַע בָּנוֹת, יֵשׁ בֵּן אֶחָד יוֹתֵר.

שָׂרָה: אוּלַי חֲסֵרָה בַּת אַחַת.

דִּינָה: נָכוֹן, הַצֶּדֶק אִתָּךְ.

שָׂרָה: כַּמָּה תַּלְמִידִים יֵשׁ לָנוּ בְּסַךְ הַכֹּל?

דִּינָה: יֵשׁ לָנוּ חֲמִשָּׁה עָשָׂר תַּלְמִידִים.

שָׂרָה: הַאִם יָדוּעַ לָךְ כַּמָּה תַּלְמִידִים יֵשׁ בְּבֵית הַסֵּפֶר?

דִּינָה: נִדְמֶה לִי שֶׁיֵּשׁ מָאתַיִם תַּלְמִידִים.

שָׂרָה: הַאִם אַתְּ לָמַדְתְּ אֶת סִפּוּר הַמִּלְחָמָה וְאֶת שִׁיר הַשְּׁבוּיִים?

דִּינָה: בְּוַדַּאי, לָמַדְתִּי אוֹתָם; אֲנִי כְּבָר יוֹדַעַת אֶת הַשִּׁיר בְּעַל פֶּה.

שָׂרָה: יוֹפִי! אֵינִי אוֹהֶבֶת סִפּוּרֵי מִלְחָמָה, וְאַתְּ אֵינֵךְ אוֹהֶבֶת אֶת שִׁירֵי הַשְּׁבוּיִים.

דִּינָה: בְּכָל זֹאת, צָרִיךְ לִלְמֹד.

שָׂרָה: כַּמָּה זְמַן אֲנִי צְרִיכָה לִלְמֹד אוֹתָם?

דִּינָה: אֲנִי חוֹשֶׁבֶת שֶׁאַתְּ צְרִיכָה שָׁעָה אַחַת.

Sarah: Dinah, tell me (say to me) please, **how many** boys we have in the class?

Dinah: I think that we have eight (*m*) boys.

Sarah: And **how many** girls?

Dinah: Seven (*f*) girls, we have one (*m*) boy more.

Sarah: Perhaps one (*f*) girl is missing.

Dinah: Right, you are correct (the justice is with you).

Sarah: **How many** students have we in total?

Dinah: We have fifteen (*m*) students.

Sarah: **Is it known to you** [do you know] how many students there are in [the] school?

Dinah: **It seems to me** that there are 200 students.

Sarah: Did you learn **the** story **of** the war and **the** song **of** the prisoners?

Dinah: Of course, I learned them; I already know the song **by heart.**

Sarah: Wonderful! I don't like stories **of** war and you don't like **the** songs **of** the prisoners.

Dinah: Nevertheless, [one] must learn.

Sarah: **How much** time do I need to learn them?

Dinah: I think that you need **one** hour.

NEW FORMS AND GRAMMAR RULES

From the text we learn:

1) The cardinal numbers (1, 2, 3, ...) vary in Hebrew according to gender:

Examples:		feminine	masculine
	(1),	אַחַת	אֶחָד
	(7),	שֶׁבַע	שִׁבְעָה

For a complete list of cardinal numbers see p. 182.

2) As an Interrogative, כַּמָּה means "how much" and also "how many".

Examples: how much money? כַּמָּה כֶּסֶף?

how many books? כַּמָּה סְפָרִים?

As an Adjective כַּמָּה means: "A few".

Example: "I have a few books" .יֵשׁ לִי כַּמָּה סְפָרִים

3) The Particles אֵת and עִם, both mean "with" [people] and are declinable. (see p. 147).

4) The Construct Case:

We have already learned how to express relationship or possession:

Example:

"The book *of* the teacher" הַסֵּפֶר שֶׁל הַמּוֹרֶה
(or "the teacher's book")

In this lesson, we learn a shorter way :

הַסֵּפֶר שֶׁל הַמּוֹרֶה = סֵפֶר הַמּוֹרֶה.
"the teacher's book"

הַסִּפּוּר שֶׁל הַמִּלְחָמָה = סִפּוּר הַמִּלְחָמָה.
"the story of the war"

הַסִּפּוּרִים שֶׁל הַמִּלְחָמָה = סִפּוּרֵי הַמִּלְחָמָה
"the stories of the war"

Rules: a) Masculine Singular: When using the short form, omit שֶׁל (of), and the הַ of the word preceding .

b) Masculine Plural: Here, the above rule applies; in addition, the plural ending ◌ִים changes into ◌ֵי

c) Feminine: Will be explained in a later lesson.

APPLY AND PRACTICE

A. Translate the Hebrew text into English and then back into Hebrew.

B. Complete the following sentences:

91

1) יֵשׁ לָנוּ (5) ________ עֵטִים, (3) ________ מַחְבָּרוֹת וְסֵפֶר

(1) ________.

2) כַּמָּה כֶּסֶף יֵשׁ לְךָ? אֵינִי יוֹדֵעַ בְּדִיוּק, אוּלַי ______ דוֹלָרִים.

3) (הָעִתּוֹנִים שֶׁל הַבֹּקֶר) ________ ________ מְלֵאִים יְדִיעוֹת

רָעוֹת.

4) אָהַבְתִּי אֶת (הַשִּׁיר שֶׁל הַשְּׁבוּיִים) ________ ________

וְלָמַדְתִּי אוֹתוֹ בְּעַל פֶּה.

5) הַצֶּדֶק אִתְּךָ, שִׁמְעוֹן: יֵשׁ בְּדִיוּק (18) ________ ________

בָּנִים וּ(18) ________ ________ בָּנוֹת.

(exactly בְּדִיוּק) (news יְדִיעוֹת)

C. Translate:

1) How many books do you have on your table, David? I have seven books.
2) Today, two girls are missing, and in the classroom, there are eleven girls.
3) The teacher said that the students' compositions [were] very good.
4) Dan, you must learn all the songs of Hanukah (חֲנֻכָּה).
5) The pages of this book are very large; therefore Sarah doesn't like it.
6) They don't go out of (from) the house today; they will read the story of the king.

SIXTEENTH LESSON: שִׁעוּר שִׁשָּׁה־עָשָׂר

בְּמִזְנוֹן בֵּית הַסֵּפֶר

שְׁלשָׁה תַּלְמִידִים הָלְכוּ לֶאֱכֹל בְּמִזְנוֹן בֵּית־הַסֵּפֶר. הַתַּלְמִיד הָרִאשׁוֹן, אוּרִי, לָקַח חֲתִיכַת בָּשָׂר מְבֻשָּׁל, מָרָק, פְּרוּסַת לֶחֶם קְטַנָּה וְאֶשְׁכּוֹל עֲנָבִים.

הַתַּלְמִיד הַשֵּׁנִי בָּחַר לוֹ עוֹף מְטֻגָּן וּשְׁתֵּי פְּרוּסוֹת לֶחֶם לָבָן.

הַתַּלְמִיד הַשְּׁלִישִׁי אָמַר לִשְׁנֵי הַחֲבֵרִים שֶׁהוּא רוֹצֶה לֶאֱכֹל דָּג וּפִלְפֵּל מְמֻלָּא, וְלִשְׁתּוֹת קָפֶה עִם עֻגַת פֵּרוֹת.

הֵם יָשְׁבוּ לֶאֱכֹל לְיַד הַשֻּׁלְחָן הַגָּדוֹל עִם קְבוּצַת תַּלְמִידִים מִכִּתָּה אַחֶרֶת.

אַחֲרֵי שֶׁגָּמְרוּ אֶת אֲרוּחַת הַצָּהֳרַיִם, יָצְאוּ מִמִּזְנוֹן בֵּית־הַסֵּפֶר וְהָלְכוּ לִישִׁיבַת וַעַד הַכִּתָּה.

בִּישִׁיבַת הַוַּעַד, אָמַר רֹאשׁ הַוַּעַד: ״חֲבֵרִים, יֵשׁ לָנוּ עַל

סֵדֶר הַיּוֹם כַּמָּה עִנְיָנִים וּבְעִקָּר עִנְיַן הַמִּזְנוֹן. כַּיָּדוּעַ לָכֶם,
אֵין זֹאת הַפַּעַם הָרִאשׁוֹנָה שֶׁאָנוּ שׁוֹמְעִים טַעֲנוֹת עַל הָאֹכֶל
שֶׁאֵינוֹ מַסְפִּיק וְאֵינוֹ טָעִים וְיָקָר מְאֹד. מְנַהֵל הַמִּזְנוֹן וּמְנַהֵל
בֵּית־הַסֵּפֶר פָּגְשׁוּ אֶת נְצִיגֵי הַתַּלְמִידִים, שָׁמְעוּ אֶת טַעֲנוֹת
הַנְּצִיגִים וְאָמְרוּ שֶׁיַּחְקְרוּ אֶת הַבְּעָיָה וְיִמְסְרוּ אֶת תּוֹצְאוֹת
הַחֲקִירָה לְרֹאשׁ הַוַּעַד הַכְּלָלִי שֶׁל תַּלְמִידֵי בֵּית הַסֵּפֶר״.

In **the** Cafeteria **of** the School.

Three students went to eat in **the** cafeteria **of** the school. **The first** student, Uri, took a piece **of** boiled (cooked) meat, soup, a small slice **of** bread and a bunch **of** grapes. **The second** student chose (for himself) fried chicken and two slices [of] white bread.

The third student said to the two friends that he wanted (wants) to eat fish and stuffed pepper and to drink coffee with a fruitcake.

They sat [down] to eat at the big table with a group of students from another class. After (that) they finished [the] lunch, they went out of **the** cafeteria **of** the school and went to **the** meeting **of** the committee **of** the class.

In **the** meeting **of** the committee, **the** head **of** the committee said: "friends, we have on **the** order **of** the day a few items and mainly **the** question **of** the cafeteria. As you know, this is not **the first** time that we hear complaints about the food which is not sufficient and not tasty and very expensive. **The** manager **of** the cafeteria and **the** principal **of** the school met **the** representatives **of** the students, heard **the** complaints **of** the representatives and said that they would (will) investigate the matter (problem) and [will] convey **the** results **of** the investigation to **the** head **of** the general committee of **the** students **of** the school."

NEW FORMS AND GRAMMAR RULES

1) The Construct Case (cont.):

feminine singular: the ◻ָה becomes ◻ַת

Examples:

a slice of bread = פְּרוּסַת לֶחֶם = פְּרוּסָה שֶׁל לֶחֶם

the slice of bread = פְּרוּסַת הַלֶּחֶם

feminine plural: (no change):

Examples: slices of bread = פְּרוּסוֹת לֶחֶם

the slices of bread = פְּרוּסוֹת הַלֶּחֶם

2) The Ordinal Numbers vary according to gender and number:

Example: first = רִאשׁוֹנָה (*fs*); רִאשׁוֹן (*ms*);

רִאשׁוֹנוֹת (*fp*). רִאשׁוֹנִים (*mp*);

For a complete list of ordinal numbers, see p. 183.

When modifying a noun, they are treated as adjectives:

Example: the second book הַסֵּפֶר הַשֵּׁנִי

APPLY AND PRACTICE

A. Translate the Hebrew text into English and then back into Hebrew.

B. Write a short composition about a dinner you had in a restaurant or cafeteria with some friends. If you need extra vocabulary, you will find it in the appendix.

C. Complete the following sentences: (construct case, numbers)

1) בְּמִזְנוֹן הָאוּנִיבֶרְסִיטָה, אָכַלְתִּי (2) ______ פְּרוּס__ לֶחֶם
וַחֲתִיכַ__ בָּשָׂר.

2) עֻגַת __פֵּרוֹת שֶׁל שָׂרָה יוֹתֵר טוֹבָה __ֵעֻגַ__ __הַגְּבִינָה שֶׁל
מִרְיָם.

3) לַבִּנְיָן הַזֶּה (3) ______ כְּנִיסוֹת וּ(2) ______ יְצִיאוֹת.

4) __אִישׁ הָרִאשׁוֹן שְׁמוֹ אָדָם וְהָאִשָּׁה __רִאשׁוֹנָ__ שְׁמָהּ חַוָּה.

5) אֲנַחְנוּ לָמַדְנוּ עִם קְבוּצַ__ בָּנוֹת מִכִּתָּה אַחֶרֶת.

6) דָּוִד, בְּדֹק בְּבַקָּשָׁה אֶת (2) ______ מְכוֹנ__ הַכְּתִיבָה,
פַּעַם רִאשׁוֹנָ__ וּשְׁנִיָּ__ .

7) זֹאת הַפַּעַם הָ(4) ______ שֶׁהַמּוֹרָה אוֹמֶרֶת לָכֶם לִשְׁתֹּק
בִּזְמַן הַשִּׁעוּר.

(check	בדק)	(cheese	גְּבִינָה)
(once (*f*)	פַּעַם)	(building	בִּנְיָן)

D. Translate:

1) Waiter, please give me soup, fried fish, two slices of bread and [an] orange.
2) I don't like white bread; I want black bread, chicken and [a] salad of vegetables.
3) We ate in the cafeteria of the school yesterday.
4) They (f) sat at the table with a group of friends and ate very much.
5) At the meeting of the committee, they gave (to) us coffee and cake.
6) The stuffed pepper and the meat [are] very good and we liked them.
7) The first slice of bread is bigger than the second; both of them are white.
8) After she finished lunch, she ate a piece of cake and went out of (from) the house.

SEVENTEENTH LESSON שִׁעוּר שִׁבְעָה־עָשָׂר

הַמּוֹרֶה: שָׁלוֹם תַּלְמִידִים, קָרָאתִי אֶת כָּל חִבּוּרֵיכֶם וַאֲנִי
שָׂמֵחַ שֶׁכִּמְעַט כֻּלָּם טוֹבִים מְאֹד. דָּוִד כֹּהֵן, עֲבוֹדָתְךָ
מְצֻיֶּנֶת, תַּעֲנוּג לִקְרֹא אוֹתָהּ; גַּם אַתְּ, רִנָּה לֵוִי,
עֲבוֹדָתֵךְ מְצֻיֶּנֶת וַאֲנִי שָׂמֵחַ לְצַיֵּן זֹאת כִּי מַאֲמַצַּיִךְ
נָשְׂאוּ פְּרִי; הַלְוַאי וַעֲבוֹדוֹתֵיהֶם שֶׁל כָּל הַתַּלְמִידִים
הָיוּ טוֹבוֹת כַּעֲבוֹדָתוֹ שֶׁל דָּוִד אוֹ כַּעֲבוֹדָתָהּ שֶׁל
רִנָּה. אֲנִי מוֹסֵר לָכֶם בַּחֲזָרָה אֶת כָּל הַחִבּוּרִים;
כֻּלָּם יִבְדְּקוּ אֶת שְׁגִיאוֹתֵיהֶם. לְאַחַר שֶׁכָּל אֶחָד
יִבְדֹּק אֶת שְׁגִיאוֹתָיו וְכָל אַחַת תִּבְדֹּק אֶת שְׁגִיאוֹתֶיהָ,
אֶשְׂמַח לִשְׁמֹעַ שְׁאֵלוֹת וְלַעֲנוֹת עֲלֵיהֶן.

דִּינָה : מוֹרִי, הַאִם לֹא בָּנִיתִי נָכוֹן אֶת הַמִּשְׁפָּט הַזֶּה?
כָּתַבְתִּי: ״הַתַּלְמִיד שָׁתָה חָלָב חַם״. הַאִם טָעִיתִי?
הַאִם רָאִיתָ אֵיזוֹ טָעוּת?

הַמּוֹרֶה: לֹא, דִּינָה, אַתְּ לֹא טָעִית וַאֲנִי לֹא רָאִיתִי שׁוּם
טָעוּת; פָּשׁוּט הַכְּתָב לֹא הָיָה בָּרוּר.

שָׂרָה : כַּמָּה שְׁגִיאוֹת הָיוּ לִי, הַמּוֹרֶה?

הַמּוֹרֶה: הָיְתָה לָךְ רַק שְׁגִיאָה אַחַת.

שִׁמְעוֹן : מוֹרִי, לֹא הָיָה לִי זְמַן לִכְתֹּב אֶת חִבּוּרִי. מָתַי
אֶכְתֹּב אוֹתוֹ?

הַמּוֹרֶה: מָחָר בַּבֹּקֶר, לִפְנֵי הַלִּמּוּדִים. הַאִם כְּבָר קָנִיתָ
מַחְבֶּרֶת חֲדָשָׁה? כֻּלָּם קָנוּ מִזְּמַן.

שָׂרָה : כֵּן, רָצִינוּ לִכְתֹּב חִבּוּר נָקִי; לָכֵן קָנִינוּ מַחְבֶּרֶת
חֲדָשָׁה.

Teacher: Hello   students, I read all **your** essays and I am
glad that almost all of them are very good.
David Cohen, your work is excellent, [it is] a
pleasure to read it; you too, Rinah Levy, **your**
work is excellent and I am glad to note that,
because **your** efforts were fruitful; I wish **(their)**
the work of all the students were as good as
David's or Rinah's. I return to you (give back)
all the essays; all [of them] will check **their**
mistakes. After (that) each one (*m*) will check
his mistakes and each one (*f*) will check **her**
mistakes, I will be glad to hear questions and
answer (on) them.

Dinah: (My) teacher, **didn't I build** this sentence correctly? I wrote:"The student drank hot milk." **Did I make a mistake? Did you see** any mistake?

Teacher: No, Dinah, **you didn't make a mistake** and I **didn't see** any mistake; simply, the handwriting **was not** clear.

Sarah: How many mistakes did I have **(they were to me)** teacher?

Teacher: You had **(it was to you)** only one mistake.

Simon: (My) teacher, I didn't have **(there was not to me)** time to write my essay. When shall I write it?

Teacher: Tomorrow morning, before classes. **Have you** already **bought** a new notebook? All [of them] **bought** a long time ago.

Sarah: Yes, **we wanted** to write a clean essay; therefore we **bought** [a] new notebook.

NEW FORMS AND GRAMMAR RULES

From the text, we learn:

1) The Past of the ל " ה Verbs:
   Same suffixes as for the strong roots. The ה disappears in most of the persons.

   The following is a model conjugation;

Example: build   =   בנה

בָּנִיתִי, בָּנִיתָ, בָּנִית, בָּנָה, בָּנְתָה,

בָּנִינוּ, בְּנִיתֶם, בְּנִיתֶן, בָּנוּ, בָּנוּ.

100

2) To express Possession in the Past (**had**):

Use the verb היה (*be*) in the past tense (gender and number agreeing with the *possessed*) followed by the preposition ל declined according to the *possessor*.

Examples:

I had a friend.	הָיָה לִי חָבֵר.
She had many friends (*m*).	הָיוּ לָהּ הַרְבֵּה חֲבֵרִים.
We had an aunt	הָיְתָה לָנוּ דוֹדָה.
They (*m*) had aunts.	הָיוּ לָהֶם דוֹדוֹת.

3) Declension of nouns: On p. 68 we declined the noun in the *m.s.*; in this text, you find the declension of some nouns in the *f.s.*, *m.p.* and *f.p.* For a complete declension see p. 148.

APPLY AND PRACTICE

A. Translate the Hebrew text into English and back into Hebrew.

B. Complete the following sentences: (past of ל״ה)

1) אִמִּי לֹא (קנה) ________ לִי מַתָּנָה מִפְּנֵי שֶׁאֲנִי לֹא (שתה) ________ חָלָב.

2) הַאִם אַתֶּם (בנה) ________ אֶת הַבַּיִת הַזֶּה אוֹ (קנה) ________ אוֹתוֹ מוּכָן?

3) אֲנִי יוֹדֵעַ שֶׁלֹּא (היה) ______ לָכֶם זְמַן כִּי (היה) ______ לָכֶם מְסִבָּה.

4) הִיא (היה) ________אֶתְמוֹל בַּקוֹלְנֹעַ וְאַתָּה לֹא (ראה) ________ אוֹתָהּ.

5) בַּשָּׁנָה שֶׁעָבְרָה, (היה) ________ לָנוּ הַרְבֵּה חֲבֵרִים וְלֹא (היה) ________לָנוּ הַרְבֵּה חֲבֵרוֹת.

6) הֵם (טעה) ________בַּחֶשְׁבּוֹן אֲבָל אֲנַחְנוּ לֹא (רצה) ________לִבְדֹּק אוֹתוֹ.

(last year בַּשָּׁנָה שֶׁעָבְרָה)
(account, bill, math. חֶשְׁבּוֹן)
(drink שתה)
(ready מוּכָן)
(party מְסִבָּה)

C. Translate:

1) Last year, we didn't have many friends but this year, we have many.
2) Dinah made many mistakes and the teacher saw her mistakes.
3) Their (*m*) stories were nice but their works were not correct.
4) Our aunt bought for us two beautiful presents and our joy was great.
5) Your classroom, Sarah, is smaller than their (*f*) classrooms.
6) Your songs are very pleasant, Miriam; her songs are less nice.
7) David, didn't you have time to see us yesterday? No, I didn't have the car.
8) You made a big mistake, Dan, when you bought this house which I didn't want.

שִׁעוּר שְׁמוֹנָה־עָשָׂר EIGHTEENTH LESSON

בַּמִּשְׁפָּחָה

לְשִׁמְעוֹן לֵוִי יֵשׁ מִשְׁפָּחָה גְדוֹלָה. הוּא גָּר עִם מִשְׁפַּחְתּוֹ בִּטְבֶרְיָה, עַל חוֹף יַם כִּנֶּרֶת. בְּמִשְׁפַּחַת לֵוִי יֵשׁ תֵּשַׁע נְפָשׁוֹת: הָאָב שִׁמְעוֹן, הָאֵם רָחֵל, שְׁלֹשָׁה בָּנִים וּשְׁתֵּי בָּנוֹת וְגַם סָב וְסָבָה. הַבֵּן הַבְּכוֹר שְׁמוֹ מֵאִיר; הוּא וְאָבִיו קָמִים מֻקְדָּם מְאֹד בַּבֹּקֶר וְהוֹלְכִים לָעֲבוֹדָה לָדוּג דָּגִים בַּכִּנֶּרֶת; הֵם דַּיָּגִים. לִפְעָמִים הֵם עוֹבְדִים גַּם בַּלַּיְלָה. גַּם רָחֵל קָמָה מֻקְדָּם בַּבֹּקֶר, כִּי הִיא צְרִיכָה לַעֲשׂוֹת לָהֶם אֲרוּחַת בֹּקֶר לִפְנֵי שֶׁהֵם יוֹצְאִים לַעֲבוֹדָה. הַיְלָדִים הָאֲחֵרִים עוֹד צְעִירִים, הַבָּנוֹת קָמוֹת יוֹתֵר מְאוּחָר וְהוֹלְכוֹת לְבֵית הַסֵּפֶר. הַבָּנִים הַקְּטַנִּים אוֹהֲבִים לָרוּץ. הֵם רָצִים לְבֵית הַסֵּפֶר וְרָצִים בַּחֲזָרָה הַבַּיְתָה.

בְּלֵיל שַׁבָּת, כָּל הַמִּשְׁפָּחָה יוֹשֶׁבֶת מִסָּבִיב לַשֻּׁלְחָן; הָאָב

עוֹשֶׂה ״קִדּוּשׁ״; הוּא אֵינוֹ עוֹבֵד בַּשַּׁבָּת. הוּא נָח; כֻּלָּם נָחִים בַּשַּׁבָּת.

רָחֵל שָׂמָה עַל הַשֻּׁלְחָן מַפָּה לְבָנָה, שְׁתֵּי חַלּוֹת, כַּפּוֹת, סַכִּינִים וּמַזְלְגוֹת, מִלְחִיָּה וְעוֹד כֵּלִים אֲחֵרִים.

כֻּלָּם שָׁרִים לִפְנֵי הָאֲרוּחָה. שְׁתֵּי הַבָּנוֹת שָׁרוֹת גַּם אַחֲרֵי הָאֲרוּחָה.

לִפְעָמִים, קְרוֹבִים בָּאִים לְבַקֵּר אֵצֶל מִשְׁפַּחַת לֵוִי; דּוֹדִים וְדוֹדוֹת, בְּנֵי דּוֹדִים, גִּיסִים וְגִיסוֹת וְהַשִּׂמְחָה רַבָּה.

In the Family.

Simon Levy has a large family. He **lives** with his family in Tiberias, on the shore of Lake (sea) Kinneret. In the Levy family, there are nine persons: the father Simon, the mother Rachel, three sons and two daughters and also a grandfather and a grandmother. The elder son (his name) is Meir; he and his father **get up** very early in the morning and go to work to **fish** fish(es) in the Kinneret; they are fishermen. Sometimes they work at night, too. Also Rachel **gets up** early in the morning because she must make (for) them breakfast before they leave for work. The other children are still young; the girls **get up** later and go to school. The little boys like **to run. They run** to school and **run** back home.

On Friday night, all the family sit around the table; the father makes "Kidush"; he does not work on Saturday. He

rests; all [of them] **rest** on Saturday. Rachel **puts** on the table a white napkin, two "Halot" (white bread), spoons, knives and forks, a salt shaker and some other utensils. All [of them] **sing** before the meal. The two girls **sing** after the meal, too. Sometimes, relatives **come** to pay a visit to the Levy family: uncles and aunts, cousins (*m*), brothers-in-law and sisters-in-law and the joy is great.

NEW FORMS AND GRAMMAR RULES

In this lesson we introduced the present tense of a weak root; its weakness is in the second letter which is a ו or a י. This root is called ע״ו or ע״י (□ו□ or □י□). The four forms of the present are (from right to left)

Infinitive	f.p.	m.p.	f.s.	m.s.	Root:
לָ□וּ□–לָ□ִי□	□ָ□וֹת	□ָ□ִים	□ָ□ָה	□ָ□	□ו□–□י□
לָרוּץ	רָצוֹת	רָצִים	רָצָה	רָץ	רוּץ
לָשִׁיר	שָׁרוֹת	שָׁרִים	שָׁרָה	שָׁר	שִׁיר

APPLY AND PRACTICE

A. Translate the Hebrew text into English and then back into Hebrew.

B. Select all the verbs with ע״ו or ע״י roots and determine their gender and number.

C. Use each one of them in a sentence of your own.

D. Complete the following sentences: (present tense of ע״ו or ע״י verbs).

1) אֵיפֹה אַתָּה (גור) ______, דָּן? אֲנִי וְכָל הַמִּשְׁפָּחָה (גור) ______ בִּטְבֶרְיָה.

2) מָתַי אַתְּ (קום) ______ בַּבֹּקֶר? אֲנִי (קום) ______ מֻקְדָּם מְאֹד.

3) יְלָדִים, אַתֶּם (רוץ) ______ כָּל הַזְּמַן מִמָּקוֹם לְמָקוֹם.

4) מַדּוּעַ אֵין אַתֶּם (נוח) ______ קְצָת? רָחֵל כְּבָר (נוח) ______.

5) הַבָּנוֹת (שים) ______ עַל הַשֻּׁלְחָן אֶת הַסַּכִּינִים וְהַכַּפּוֹת וְהַמַּזְלְגוֹת.

6) הָאָח (שיר) ______, הָאָחוֹת (שיר) ______, הַגִּיסִים (שיר) ______ וְהַדּוֹדוֹת (שיר) ______.

7) תַּלְמִידִים, אַתֶּם כְּבָר צְרִיכִים ל(קום) ______. ל(שים) ______ אֶת הַבְּגָדִים וְלָרוּץ.

8) הַדַּיָּגִים (קום) ______ מֻקְדָּם מְאֹד בַּבֹּקֶר וְהוֹלְכִים ל(דוג) ______ דָּגִים.

(clothes בְּגָדִים)
(already כְּבָר)
(a little קְצָת)

E. Translate:

1) My uncle lives in Tel Aviv on the Mediterranean shore.
2) The birds (*f*) fly everyday a very long distance.
3) They (*f*) put the books and the notebooks in the bags and run to school.
4) The fishermen go to fish in the morning and catch (fish) a big fish.
5) The hunter gets up very early in the morning and goes to hunt in the forest.
6) All the boys sing and all the girls sing in the classroom.
7) I have two brothers-in-law who come to see me today.
8) She is always quarrelling with her neighbor who lives upstairs.
9) All the family rests on Saturday and the children sing with joy.

שָׁעוּר תִּשְׁעָה־עָשָׂר

בְּבֵית הַסֵּפֶר

דָּנִי כֹּהֵן וַאֲחוֹתוֹ אִילָנָה קָמוּ אֶתְמוֹל בְּשָׁעָה שֶׁבַע, רָחֲצוּ[1]
אֶת פְּנֵיהֶם, אָכְלוּ אֶת אֲרוּחַת הַבֹּקֶר, שָׂמוּ אֶת סִפְרֵיהֶם
וּמַחְבְּרוֹתֵיהֶם בְּיַלְקוּטֵיהֶם וְיָצְאוּ מִן הַבַּיִת לְכִווּן בֵּית הַסֵּפֶר.
בְּשָׁעָה שְׁמוֹנֶה, כֻּלָּם הָיוּ כְּבָר בַּכִּתָּה. בִּשְׁעוֹת הַבֹּקֶר הֵם
לָמְדוּ חֲמִשָּׁה מִקְצוֹעוֹת: חֶשְׁבּוֹן, דִּקְדּוּק, גֵּאוֹגְרַפְיָה, אַנְגְלִית
וְטֶבַע. אַחַר כַּךְ יָצְאוּ לְמִגְרַשׁ הַהִתְעַמְּלוּת. בְּשִׁעוּר הַדִּקְדּוּק,
הַמּוֹרָה כָּתְבָה בְּגִיר כַּמָּה מִשְׁפָּטִים עַל הַלּוּחַ, אַחַר כַּךְ
שָׁאֲלָה[1]:

"דָּנִי, בְּאֵיזוֹ שָׁעָה קַמְתָּ הַיּוֹם?"

"קַמְתִּי בְּשָׁעָה שֶׁבַע", עָנָה דָּנִי.

"וְאַתְּ, נוּרִית, בְּאֵיזוֹ שָׁעָה קַמְתְּ?"

---

(1) See the conjugation of verbs with guttural second letter p. 151.

"קַמְתִּי יוֹתֵר מֻקְדָּם מִדָּנִי, קַמְתִּי בְּשָׁעָה שֵׁשׁ וָחֵצִי."

הַמּוֹרָה: "לֵאָה וְשָׂרָה, מָתַי קַמְתֶּן?"

"שְׁתֵּינוּ קַמְנוּ בְּשָׁעָה שֶׁבַע וָרֶבַע וְהָיָה לָנוּ דֵּי זְמַן; נָכוֹן רַצְנוּ קְצָת לְבֵית הַסֵּפֶר".

הַמּוֹרָה: "וְאַתֶּם, דָּוִד וְדָן, מָתַי קַמְתֶּם?"

"קַמְנוּ יוֹתֵר מְאֻחָר מִכֻּלָּם, קַמְנוּ בְּשָׁעָה שֶׁבַע וְעֶשְׂרִים וְחָמֵשׁ דַּקּוֹת וּבְכָל זֹאת בִּשְׁמוֹנֶה פָּחוֹת חָמֵשׁ דַּקּוֹת הָיִינוּ כְּבָר בְּבֵית הַסֵּפֶר כִּי אָנוּ גָּרִים קָרוֹב מְאֹד".

הַמּוֹרָה: "יוֹתֵר טוֹב לָקוּם מֻקְדָּם וְלֹא צָרִיךְ תָּמִיד לָרוּץ לְבֵית הַסֵּפֶר".

In the School.

Danny Cohen and his sister Ilanah **got up** yesterday at 7:00, washed their faces, ate (the) breakfast, **put** their books and their notebooks in their schoolbags and went out of the house in the direction of the school. At 8:00 everybody was (all of them were) already in class. In the morning hours they learned five subjects: arithmetic, grammar, geography, English and science. Afterwards, they went out to the athletics-field. During (in) the grammar lesson, the teacher wrote with chalk a few sentences on the blackboard; then she asked:

"Danny, at what time **did you get up** today?"

"I got up at 7:00", answered Danny.

"And you, Nurit, at what time did you get up?"

"I got up earlier than Danny, I got up at 6:30".

Teacher: "Leah and Sarah, when did you get up?"

"Both of us got up at 7:15 and we had enough time; it is true [that] we ran a little to school."

Teacher: "And you, David and Dan, when did you get up?"

"We got up later than everyone, we got up at 7:25 and nevertheless at 7:55 we were already in (the) school because we live very near".

Teacher: "It is better to get up early and not to have to run to school always."

NEW FORMS AND GRAMMAR RULES:

From the text, we learn:

1) The Past Tense of ע״ו and ע״י verbs, as in the examples:

(they got up); קָמוּ   (I got up).... קַמְתִּי

Model-conjugation: root קום

infinitive   (to get up) לָקוּם

קַמְתִּי, קַמְתָּ, קַמְתְּ, קָם, קָמָה, קַמְנוּ, קַמְתֶּם, קַמְתֶּן, קָמוּ, קָמוּ

root שיר

infinitive   (to sing) לָשִׁיר

שַׁרְתִּי, שַׁרְתָּ, שַׁרְתְּ, שָׁר, שָׁרָה, שַׁרְנוּ, שַׁרְתֶּם, שַׁרְתֶּן, שָׁרוּ, שָׁרוּ

Rule: The ו or י disappears and the endings are the same as those of a regular root.

2) Telling the Time:

a) What time is it? מַה הַשָּׁעָה?

b) Use the feminine cardinal number for full hours:

"it is 7:00" הַשָּׁעָה שֶׁבַע

c) For an expression beginning "at" use the preposition בְּ
"At what time?" בְּאֵיזוֹ שָׁעָה?

d) A "quarter" is רֶבַע

"it is 8:15" הַשָּׁעָה שְׁמוֹנֶה וָרֶבַע

e) A "half" is חֵצִי
"I come at 6:30" אֲנִי בָּא בְּשֵׁשׁ וָחֵצִי

f) A minute is דַּקָּה
"it is 3:09" הַשָּׁעָה שָׁלֹשׁ וְתֵשַׁע דַּקּוֹת

g) For "10 to 5:00" we say in Hebrew חָמֵשׁ פָּחוֹת עֶשֶׂר

h) A second is שְׁנִיָּה
In a minute there are 60 seconds. בְּדַקָּה יֵשׁ שִׁשִּׁים שְׁנִיּוֹת

APPLY AND PRACTICE

A. Translate the Hebrew text into English and then back into Hebrew.

B. Complete the following sentences: (past of ע״ו and ע״י ; write out the time)

1) אֶתְמוֹל אֲנִי (קום) ______ בְּשָׁעָה (9:15) ______

______ וְ(רוץ) ______ לָעֲבוֹדָה.

2) אֲנִי לֹא (שים) ______ כְּלוּם עַל הַשֻּׁלְחָן וְאַף אֶחָד

לֹא (בוא) ______ אֶתְמוֹל.

3) יְלָדִים, מַדּוּעַ לֹא (שיר) ______ אֶתְמוֹל בִּזְמַן הַמְּסִבָּה?

4) שָׂרָה, בְּאֵיזוֹ שָׁעָה (בוא) ______ אֶתְמוֹל בַּלַּיְלָה?

בָּאתִי בְּשָׁעָה (10:52) ______

5) כָּל אֵלֶּה שֶׁ(רוץ) ______ (קום) ______ בְּשָׁעָה (6:30) ______

______ בַּבֹּקֶר.

6) בְּיוֹם, יֵשׁ (24) ______ שָׁעוֹת;

בְּדַקָּה, יֵשׁ (60) ______ שְׁנִיּוֹת.

(nothing — לֹא...כְּלוּם)
(nobody — אַף אֶחָד לֹא)

C. Translate:

1) We got up at 7:30 in the morning and ran to school.
2) What time is it now? It is 5:23 p.m. (afternoon).
3) I didn't put the money in my pocket; my mother took it.
4) Boys, did you sing all (the) night? No, only Sarah sang.
5) Why didn't they fly to Israel? The voyage on (in) the sea is very long.
6) Rinah, did you get up early today or perhaps you rested in bed?

113

TWENTIETH LESSON — שִׁעוּר עֶשְׂרִים

גוּף הָאָדָם הוּא מְכוֹנַת פֶּלֶא שֶׁצָּרִיךְ לִשְׁמֹר עַל חֲלָקֶיהָ; כָּל אֵבֶר בַּגּוּף יֵשׁ לוֹ תַפְקִיד חָשׁוּב מְאֹד. בָּרֹאשׁ יֵשׁ עֵינַיִם, אָזְנַיִם, אַף, פֶּה. בָּעֵינַיִם רוֹאִים; בָּאָזְנַיִם שׁוֹמְעִים; בָּאַף מְרִיחִים וְנוֹשְׁמִים; בַּפֶּה גַּם אוֹכְלִים וְגַם מְדַבְּרִים[1] בְּעֶזְרַת הַלָּשׁוֹן, הַשְּׂפָתַיִם וְהַשִּׁנַּיִם.

יֵשׁ לָנוּ חֲמִשָּׁה חוּשִׁים: חוּשׁ הָרְאִיָּה, חוּשׁ הַשְּׁמִיעָה, חוּשׁ הָרֵיחַ, חוּשׁ הַטַּעַם וְהָאַחֲרוֹן הוּא חוּשׁ הַמִּשּׁוּשׁ.

יֵשׁ בַּגּוּף מַעֲרָכוֹת חֲשׁוּבוֹת מְאֹד: מַעֲרֶכֶת הָעֲצָמוֹת שֶׁהִיא שֶׁלֶד הַגּוּף; מַעֲרֶכֶת הַשְּׁרִירִים שֶׁהִיא הַבָּשָׂר שֶׁל הַגּוּף; מַעֲרֶכֶת מַחְזוֹר הַדָּם (לֵב, עוֹרְקִים, וְרִידִים); מַעֲרֶכֶת הָעִכּוּל (קֵיבָה, מֵעַיִם); מַעֲרֶכֶת הָעֲצַבִּים שֶׁמֶּרְכָּזָהּ בַּמּוֹחַ, וּמַעֲרֶכֶת הַהַפְרָשָׁה.

(1) This is the present tense of a different pattern called "Piêl".

בְּעֶזְרַת הָרַגְלַיִם אֶפְשָׁר לַעֲמֹד וְגַם לָלֶכֶת. הָעֵינַיִם שֶׁל הָאָדָם יְכוֹלוֹת לִהְיוֹת חוּמוֹת, כְּחֻלּוֹת, יְרֻקּוֹת, אֲפוֹרוֹת.

עוֹר הָאָדָם יָכוֹל לִהְיוֹת לָבָן, שָׁחוֹר, אָדֹם, אוֹ צָהֹב. גּוּף בָּרִיא וְלֹא חוֹלֶה הוּא הַדָּבָר הֶחָשׁוּב בְּיוֹתֵר בָּעוֹלָם.

The human body is a wonderful machine, (that one) must take care of its parts. Every organ of the body has a very important role. In the head there are eyes, ears, nose, mouth. With the eyes, we see; with the ears, we hear; with the nose, we smell and breathe; with the mouth, we (also) eat and (also) speak with the help of the tongue, the lips and the teeth.

We have five senses: the sense of (the) sight, the sense of (the) hearing, the sense of (the) smell, the sense of (the) taste and the last [one] is the sense of touch.

In the body, there are very important systems: the bone(s) system which is the skeleton of the body; the muscle(s) system which is the flesh of the body; the blood-circulation system (heart, arteries, veins); the digestive system (stomach, intestines); the nervous system the center of which is in the brain, the excretion system.

With the help of the feet, it is possible to stand and also to walk. Man's eyes may be brown, blue, green, grey. Man's skin may be white, black, red or yellow. A healthy body and not a sick (one) is the most important thing in the world.

NEW FORMS AND GRAMMAR RULES

This lesson is especially intended to introduce a basic vocabulary concerning the human body, a vocabulary which should help the student in further conversation.

Almost no new forms are introduced. Note, however, the following rules:

1) Parts of the body which come in pairs are feminine: (See p. 175).

Example: a big eye — עַיִן גְדוֹלָה

a strong hand — יָד חֲזָקָה

They have a special plural ending □ַיִם, to indicate duality, not □ִים.

Example: black ears — אָזְנַיִם שְׁחוֹרוֹת

white teeth — שִׁנַּיִם לְבָנוֹת

(Although we have more than two teeth, the plural of שֵׁן is שִׁנַּיִם).

Single parts of the body (not in pairs) are in some cases masculine and in others feminine.

Example: a long nose — אַף אָרֹךְ (*m*)

a small tongue — לָשׁוֹן קְטַנָּה (*f*)

2) "Which is" and "who is" (*f*) שֶׁהִיא (*m*) שֶׁהוּא

contractions of אֲשֶׁר הִיא אֲשֶׁר הוּא

"Which are" and "who are" (*f*) (*m*)

שֶׁהֵן שֶׁהֵם

contractions of אֲשֶׁר הֵן אֲשֶׁר הֵם

3) We have learned that "be" does not exist in the present tense (see p. 15). However, if the sentence is long or in order to avoid ambiguity, the personal pronoun (subject) may be used:

		(*f*)		(*m*)
is	=	הִיא	or	הוּא
are	=	הֵן	or	הֵם

Example: (First sentence of the text):

"The human body is..." = גּוּף הָאָדָם הוּא...

4) The Superlative:

Example: the most important = הֶחָשׁוּב בְּיוֹתֵר

the most (adj.) = הַ (adj.) בְּיוֹתֵר

APPLY AND PRACTICE

A. Translate the English text into Hebrew.

B. Select all the new words of the text, copy them and write their English meaning, using only the text (don't use a dictionary).

C. Memorize these words, first from Hebrew to English, then from English to Hebrew.

D. Translate:

1) This girl is very pretty: she has big blue eyes, small mouth and nose and white teeth.

2) [One] must watch (on) the human body because it is an important machine.

3) All the systems of the human body work together and keep the body healthy.

4) The bones of the skeleton help [one] to stand, to sit and to walk.

5) The blood goes out from the heart and passes into the arteries and veins.

6) If the digestive system is not in order (בְּסֵדֶר), [we] must check the stomach.

7) We are connected to the outside by the five senses: sight, hearing, smell, taste, touch.

שִׁעוּר עֶשְׂרִים וְאֶחָד

הַטִּיּוּל לַגָּלִיל

בַּשָּׁבוּעַ הַבָּא[1], תֵּצֵא כָּל כִּתָּתֵנוּ לְטִיּוּל מֵחֵיפָה. בְּיוֹם רִאשׁוֹן בַּבֹּקֶר, הַתַּלְמִידִים יָקוּמוּ בְּשָׁעָה חָמֵשׁ, כִּי הֵם צְרִיכִים לִהְיוֹת מוּכָנִים בַּחֲצַר בֵּית הַסֵּפֶר בְּשָׁעָה שֵׁשׁ בְּדִיּוּק. הַמּוֹרֶה (אוֹ הַמַּדְרִיךְ) יִקְרָא אֶת שְׁמוֹת הַתַּלְמִידִים וְכֻלָּם יֵלְכוּ לַמַּשָּׂאִית.

הַנֶּהָג יִנְהַג אֶת הַמַּשָּׂאִית; לְפִי הַתָּכְנִית, נִסַּע מֵחֵיפָה לְעַכּוּ. בְּעַכּוּ נֵרֵד מֵהַמְּכוֹנִית וְנֵלֵךְ בָּרֶגֶל לִרְאוֹת מִסְפַּר מְקוֹמוֹת מְעַנְיְנִים. אַחֲרֵי שְׁעָתַיִם שֶׁל טִיּוּל בָּעִיר, כָּל הַתַּלְמִידִים יָשׁוּבוּ לַמְּכוֹנִית. מֵעַכּוּ תִסַּע הַמְּכוֹנִית לְנַהֲרִיָּה וּמִשָּׁם לְרֹאשׁ הַנִּקְרָה, בִּגְבוּל הַלְּבָנוֹנִי. כָּאן יֵרְדוּ כֻּלָּם מֵהַמְּכוֹנִית כְּדֵי לֶאֱכֹל אֲרוּחַת בֹּקֶר. לְכָל אֶחָד צִיּוּד מָלֵא: תַּרְמִיל, שְׂמִיכוֹת,

---

(1) Literally: the week that comes.

כְּלֵי אֹכֶל, כְּרִיכִים, לֶחֶם, קֻפְסוֹת שִׁמּוּרִים, יְרָקוֹת וּפֵרוֹת וְגַם מֵימִיָּה מְלֵאָה מַיִם. לְאַחַר הָאֹכֶל, כָּל הַמְטַיְּלִים יָקוּמוּ וְיֵלְכוּ קְצָת בָּרֶגֶל עַד לַמְּכוֹנִית שֶׁתִּקַּח אוֹתָם מִשָּׁם בַּחֲזָרָה לְעַכּוֹ בְּדַרְכָּם לִצְפָת. בִּצְפָת נֵלֵךְ לִרְאוֹת אֶת הָעִיר הָעַתִּיקָה וְאֶת קִרְיַת הַצַּיָּרִים וְגַם אֶת הַר כְּנַעַן.

שָׁם נֹאכַל אֲרוּחַת צָהֳרַיִם בְּאַחַת הַמִּסְעָדוֹת בָּעִיר, וְכָל הַקְּבוּצָה תָּנוּחַ קְצָת אַחֲרֵי הָאֲרוּחָה. אַחַר כָּךְ הַמְּכוֹנִית תִּסַּע לִטְבֶרְיָה. בָּעִיר הַזֹּאת כֻּלָּם יֵרְדוּ מֵהַמַּשָּׂאִית וְיָרוּצוּ לְיַם כִּנֶּרֶת כְּדֵי לִטְבֹּל בּוֹ וְלִשְׂחוֹת בַּמַּיִם הַמְּתֻקִּים וְהַמְרַעֲנְנִים שֶׁלּוֹ.

לִפְנוֹת עֶרֶב, מִי שֶׁרוֹצֶה לֶאֱכֹל דָּגִים יֵלֵךְ לַמִּסְעָדָה וּמִי שֶׁאֵינוֹ רוֹצֶה, יִקַּח מִתַּרְמִילוֹ וְיֹאכַל. לְאַחַר אֲרוּחַת הָעֶרֶב, כֻּלָּם יָשׁוּבוּ לַמְּכוֹנִית שֶׁתָּזוּז בַּחֲזָרָה לְכִוּוּן חֵיפָה.

בַּדֶּרֶךְ חֲזָרָה, כָּל הַתַּלְמִידִים יָשִׁירוּ בַּמְּכוֹנִית וְיִשְׂמְחוּ הַרְבֵּה.

The Trip to the Galilee

Next week, all our class **will go out** for a trip from Haifa. On Sunday morning, the students **will get up** at 5:00 because they must be ready in the school court-yard at 6:00 sharp. The teacher (or the counselor) **will read** the names of the students and all [of them] **will go** to the truck.[1] The driver will drive the truck; according to the plan, we will **drive** from Haifa to Acre. In Acre, we **will get off** (step down from) the vehicle and we **will go** on foot to see some interesting places. After two hours of hiking in the city, all the students **will return** to the vehicle. From Acre, the vehicle **will ride** to Nahariya and from there to Rosh Haniqra, at the Lebanese frontier. Here all **will go down** from the vehicle in order to eat breakfast. Each one has full equipment: a bag, blankets, eating utensils, sandwiches, bread, foodcans (of preserves) vegetables and fruits and also a canteen full of water. After eating, all the hikers **will rise** and (**will**) **go** on foot a little to the vehicle which **will take** them from there back to Acre on their way to Safad. In Safad, we **will go** to see the old city and the artists' colony and also Mount Canaan.

There, we will eat lunch in one of the restaurants in the city, and all the group **will rest** a little after the meal. Afterwards, the vehicle **will ride** to Tiberias. In this city, everyone **will descend** from the truck, and (**will**) **run** to Lake Kinnereth [in order to] bathe in it and to swim in its fresh and refreshing water.

At sunset, he who wants to eat fish **will go** to the restaurant and he who doesn't, **will take** [food] from his bag and (**will**) eat. After dinner, everybody **will return** to the car (vehicle) which **will move** back to the direction of Haifa.

On the way back, all the students **will sing** in the car and will be very happy.

---

(1) In Israel a truck with benches is used, instead of a bus, for "tiyul."

NEW FORMS AND GRAMMAR RULES

In this lesson, we introduced new vocabulary about a national sport in Israel, the "tiyul", the trip. The new conjugation is that of the futurc tense of those irregular roots, which drop the first letter of the root (נ ; י) and the ע״ו; ע״י root which does not drop anything but is nevertheless different from the regular strong roots:

The following samples are taken from the text:

1) The פ״י: תֵּצֵא נֵרֵד, יֵרְדוּ,

root יצא ירד ירד

2) the פ״נ: נִסַּע תִּסַּע,

root: נסע נסע

3) הלך is conjugated as if it had a פ״י root ילך

Examples taken from the text: יֵלְכוּ, נֵלֵךְ

לקח is conjugated as if it had a פ״נ root נקח

Example taken from the text: תִּקַּח

4) the ע״ו - ע״י

יָרוּצוּ תָּנוּחַ יָשׁוּבוּ יָקוּמוּ

root: רוץ נוח שוב קום

Note: A model-conjugation of each is found on p. 152. See also the imperative p. 153.

APPLY AND PRACTICE

A. Translate the Hebrew text into English. and back into Hebrew .

B. Copy the new words in your notebook; write their English meaning and memorize them, first translating from Hebrew to English, then from English to Hebrew.

C. Complete the following sentences: (future and imperative) .

1) בַּשָּׁבוּעַ הַבָּא, כָּל הַתַּלְמִידִים (יצא) ______ לְטִיּוּל אָרֹךְ בַּנֶּגֶב.

2) אַל (רוץ) ______ הַרְבֵּה, יְלָדִים, (הלך) ______ לְאַט לְאַט.

3) אַחֲרֵי שֶׁאֲנַחְנוּ (שוב) ______ מֵהַטִּיּוּל, (ישב) ______ וְ(נוח) ______

4) רָחֵל, אִם לֹא (זוז) ______ כָּל הַזְּמַן וְאִם (לקח) ______ סֵפֶר לִקְרֹא, תִּלְמְדִי הַרְבֵּה.

5) מָחָר, אֲנִי (טוס) ______ לְאֵירוֹפָּה וְאַתָּה (נסע) ______ לְיִשְׂרָאֵל.

(slowly לְאַט) (to fly by plane טוס)

D. Translate:

1) I will not go to school and he will not move from his place.
2) She will not go out of (from) the house and we will not take her from there.
3) Will you (*mp*) get up early tomorrow morning before they (*mp*) will return?
4) They (*f*) will travel by train and will not fly.

חַגִּים וּמוֹעֲדִים בְּיִשְׂרָאֵל

בְּיִשְׂרָאֵל, כְּמוֹ בְּהַרְבֵּה מְדִינוֹת אֲחֵרוֹת, יֵשׁ אַרְבַּע עוֹנוֹת
בַּשָּׁנָה: עוֹנַת הַסְּתָו, עוֹנַת הַחֹרֶף, עוֹנַת הָאָבִיב וְעוֹנַת הַקַּיִץ.
כָּל עוֹנָה וְחַגֶּיהָ, כָּל עוֹנָה וּמוֹעֲדֶיהָ. בְּכָל עוֹנָה יֵשׁ שְׁלֹשָׁה
חֳדָשִׁים.

בְּעוֹנַת הַסְּתָו: חֹדֶשׁ אֱלוּל, חֹדֶשׁ תִּשְׁרֵי, חֹדֶשׁ חֶשְׁוָן.

בְּעוֹנַת הַחֹרֶף: חֹדֶשׁ כִּסְלֵו, חֹדֶשׁ טֵבֵת, חֹדֶשׁ שְׁבָט.

בְּעוֹנַת הָאָבִיב: חֹדֶשׁ אֲדָר, חֹדֶשׁ נִיסָן, חֹדֶשׁ אִיָּר.

בְּעוֹנַת הַקַּיִץ: חֹדֶשׁ סִיוָן, חֹדֶשׁ תַּמּוּז, חֹדֶשׁ אָב.

חֹדֶשׁ אֱלוּל הוּא חֹדֶשׁ הָרַחֲמִים; הַיְּהוּדִים מִתְכּוֹנְנִים[1] לַיָּמִים
הַנּוֹרָאִים שֶׁל תִּשְׁרֵי מִיּוֹם רֹאשׁ הַשָּׁנָה הֶחָל בָּרִאשׁוֹן בְּתִשְׁרֵי
עַד יוֹם כִּפּוּר הֶחָל בָּעֲשִׂירִי בּוֹ. אֵלֶּה יְמֵי בַּקָּשַׁת סְלִיחָה
וְכַפָּרָה. בַּחֲמִשָּׁה עָשָׂר בְּתִשְׁרֵי, חָל חַג הַסֻּכּוֹת. זֶהוּ חַג שָׂמֵחַ.
בְּיוֹם 25 בְּכִסְלֵו, חָל חַג הַחֲנֻכָּה. הַיְּהוּדִים חוֹגְגִים אוֹתוֹ

---

(1)Reflexive form of the verb.

לְזֵכֶר הַמַּכַּבִּים שֶׁלָּחֲמוּ נֶגֶד הַיְּוָנִים וְגֵרְשׁוּ אוֹתָם מִן הָאָרֶץ.

בְּאֶמְצַע חֹדֶשׁ שְׁבָט, חָל ט״וּ בִּשְׁבָט וְהַיְלָדִים בְּיִשְׂרָאֵל יוֹצְאִים לַשָּׂדוֹת לִנְטֹעַ עֵצִים.

בְּחֹדֶשׁ אֲדָר, בַּ־14 לַחֹדֶשׁ, חָל חַג פּוּרִים. גַּם זֶה חַג שָׂמֵחַ מְאֹד כִּי הַיְּהוּדִים נִצְּלוּ[1] מִסַּכָּנַת הַשְׁמָדָה מִידֵי הָמָן הָרָשָׁע.

בַּחֲמִשָּׁה עָשָׂר לְחֹדֶשׁ נִיסָן חָל חַג הַפֶּסַח; זֶהוּ חַג שָׂמֵחַ לְזֵכֶר יְצִיאַת הַיְּהוּדִים מִמִּצְרַיִם וְשִׁחְרוּרָם מֵעַבְדוּת.

בְּיוֹם 5 בְּאִיָּר, חוֹגְגִים בְּיִשְׂרָאֵל אֶת חַג הָעַצְמָאוּת, הוּא יוֹם הַשָּׁנָה לַהֲקָמַת מְדִינַת יִשְׂרָאֵל.

בְּיוֹם 6 בְּסִיוָן חָל חַג הַשָּׁבוּעוֹת, הוּא חַג מַתַּן תּוֹרָה לִבְנֵי יִשְׂרָאֵל בְּהַר סִינַי.

יוֹם 9 בְּאָב הוּא יוֹם זִכָּרוֹן לְחֻרְבַּן בֵּית הַמִּקְדָּשׁ וְיוֹם אֵבֶל לַיְּהוּדִים.

בְּיִשְׂרָאֵל, עוֹנַת הַקַּיִץ חַמָּה, עוֹנַת הַחֹרֶף קָרָה, אֲבָל עוֹנוֹת הָאָבִיב וְהַסְּתָו פּוֹשְׁרוֹת וּנְעִימוֹת מְאֹד.

בַּחֹרֶף יוֹרֵד גֶּשֶׁם; שֶׁלֶג יוֹרֵד לְעִתִּים רְחוֹקוֹת מְאֹד בִּצְפַת אוֹ בִּירוּשָׁלַיִם.

בַּקַּיִץ נוֹשֶׁבֶת לִפְעָמִים רוּחַ חַמָּה שֶׁקּוֹרְאִים לָהּ שָׁרָב אוֹ חַמְסִין.

בְּדֶרֶךְ כְּלָל מֶזֶג הָאֲוִיר בְּיִשְׂרָאֵל פּוֹשֵׁר וְנָעִים.

(1) Passive pattern (Nifâl)

Festivals and Holidays in Israel.

In Israel, as in many other countries, there are four seasons in the year: the fall season, the winter season, the spring season and the summer season. Each season with (and) its feasts, each season with (and) its holidays. Each season has three months.

In the fall: the months of Elul, Tishri and Heshvan.

In the winter: Kislev, Tevet, Shvat.

In the spring: Adar, Nisan, Iyar.

In the summer: Sivan, Tamuz, Av.

The month of Elul is the month of mercy; Jews *prepare themselves* for the "Awe-inspiring Days" of Tishri, from the day of Rosh Hashana which falls on the 1st of Tishri to Yom Kippur which falls on the 10th thereof (in it). These are days of asking for forgiveness and atonement. On the 15th of Tishri, falls the Succoth festival. This is a happy holiday.

On the 25th of Kislev, falls the Hanukah festival. The Jews celebrate it in memory of the Maccabees who fought against the Greeks and expelled them from the land [of Israel].

In the middle of the month of Shvat, falls Tu'Bishvat and the children in Israel go out to the fields to plant trees.

In the month of Adar, on the 14th of the month (to the month), falls the Purim festival. This is also a very happy holiday because the Jews *were saved* from the danger of annihilation by the wicked Haman.

On the 15th of the month of Nisan, is the Passover festival; this is a happy holiday in memory of the Exodus of the Jews from Egypt and their liberation from bondage.

126

On the 5th of Iyar, they celebrate in Israel the Independence festival, which is the anniversary of the establishment of the State of Israel (1948).[1]

On the 6th of Sivan, falls the Shavuot festival, which is the celebration of the giving of the Torah to the children of Israel on Mount Sinai.

The 9th of Av is the memorial day for the destruction of the Temple and a day of mourning for the Jews.

In Israel, the summer season is hot, the winter season is cold, but the spring and autumn seasons are temperate and very pleasant.

In the winter, rain falls; snow falls very rarely, in Safad or Jerusalem.

In the summer, a hot wind sometimes blows, which is called "sharav" or "khamsin".

In general, the weather in Israel is mild and pleasant.

NEW FORMS AND GRAMMAR RULES

No new forms are introduced in this lesson, which includes important vocabulary concerning festivals and holidays in Israel. You will also find some useful vocabulary about the seasons, months and weather.

APPLY AND PRACTICE

This is an easy text and the English translation provided will help to facilitate quick memorization.

---

(1) According to the Hebrew calendar 5708.

A. Translate the Hebrew text into English.

B. Copy the new words and expressions into your notebook; write their English meaning and memorize them.

C. Translate your English translation back into Hebrew.

D. Copy each question and answer in Hebrew.

1) כַּמָּה עוֹנוֹת בַּשָּׁנָה יֵשׁ בְּיִשְׂרָאֵל?

2) מַה הֵם שְׁמוֹת הֶחֳדָשִׁים הָעִבְרִיִּים?

3) מָתַי חָל יוֹם כִּפּוּר וּמַה הוּא מְסַמֵּל?

4) מָתַי חָל חַג הַחֲנֻכָּה וּלְזֵכֶר מַה חוֹגְגִים אוֹתוֹ?

5) מָתַי חָל חַג פּוּרִים וּלְזֵכֶר מַה חוֹגְגִים אוֹתוֹ?

6) מָתַי חָל חַג הַפֶּסַח וּלְזֵכֶר מַה חוֹגְגִים אוֹתוֹ?

7) אֵיךְ מֶזֶג הָאֲוִיר הַיִּשְׂרְאֵלִי בְּדֶרֶךְ כְּלָל? מַה קוֹרֶה בַּקַּיִץ? וּבַחֹרֶף?

(how אֵיךְ) (represents, symbolizes מְסַמֵּל)

(happen קרה) (celebrate חגג)

E. Translate:

1) The season of the holidays in Israel is very nice and the weather is fine.

2) There are people (אֲנָשִׁים) who don't like the winter because it is cold.

3) On the festival of Hanukah, snow sometimes falls in Jerusalem.

4) The best seasons in Israel are spring and fall; the weather is mild.

5) In the south of the Land, [it is] very hot in the summer and a hot wind blows.

6) Yom Kippur is a day of forgiveness and atonement and the Jews fast on this day.

7) The most beloved festival is Passover, because it is the festival of freedom.

8) On the next Day of Independence the whole (all the) family will take (make) a trip to Israel.

9) Last year, much rain didn't fall in Israel but this year much rain will fall.

שִׁעוּר עֶשְׂרִים וּשְׁלֹשָׁה TWENTY THIRD LESSON

לוּחַ הַזְמַנִּים שֶׁל עֲקֶרֶת הַבַּיִת

חַנָּה הִיא עֲקֶרֶת בַּיִת, הִיא אֵינָהּ עוֹבֶדֶת מִחוּץ לְבֵיתָהּ.
מִשְׁפַּחְתָּהּ גְּדוֹלָה וְהִיא צְרִיכָה לִדְאֹג לְכָל בְּנֵי בֵּיתָהּ. בַּעֲלָהּ
פּוֹעֵל בְּבֵית חֲרוֹשֶׁת וְעוֹבֵד קָשֶׁה. הוּא כְּבָר בֶּן אַרְבָּעִים
וָשֵׁשׁ וְהָעֲבוֹדָה קָשָׁה.

יֵשׁ לַזּוּג שְׁנֵי בָּנִים תְּאוֹמִים בְּנֵי עֶשֶׂר וּבַת גְּדוֹלָה בַּת שְׁלֹשׁ
עֶשְׂרֵה. שְׁתֵּי הַבָּנוֹת הָאֲחֵרוֹת הֵן בְּנוֹת שְׁמוֹנֶה וָשֵׁשׁ.

בְּכָל יוֹם רִאשׁוֹן, חַנָּה עוֹשָׂה כְּבִיסָהּ; בְּכָל יוֹם שֵׁנִי וּבְכָל
יוֹם חֲמִישִׁי, הִיא צְרִיכָה לָלֶכֶת לַשּׁוּק כְּדֵי לִקְנוֹת יְרָקוֹת
וּפֵרוֹת, בָּשָׂר אוֹ עוֹף וְדָגִים לַהֲכָנַת אֹכֶל לְכָל הַמִּשְׁפָּחָה.

בְּיוֹם שְׁלִישִׁי וּבְיוֹם רְבִיעִי, הִיא עֲסוּקָה בִּתְפִירָה. אִם
יֵשׁ לָהּ מְעַט זְמַן פָּנוּי, הִיא קוֹרֵאת עִתּוֹן אוֹ סֵפֶר.

יוֹם שִׁשִּׁי הוּא הַיּוֹם הַקָּשֶׁה בְּיוֹתֵר כִּי חַנָּה אֵינָהּ יְכוֹלָה

130

לָצֵאת מֵהַבַּיִת; הִיא צְרִיכָה לְהָכִין[1] אֶת אֲרוּחוֹת הַשַּׁבָּת, וְלַעֲשׂוֹת נִקָּיוֹן יְסוֹדִי בְּדִירָתָהּ, בְּכָל הַחֲדָרִים, בַּמִּטְבָּח, בַּחֲדַר הָאַמְבַּטְיָה וְגַם בַּחֲדַר הַמַּדְרֵגוֹת.

יוֹם שַׁבָּת הוּא יוֹם הַמְּנוּחָה וְחַנָּה מוֹדָה **לַבּוֹרֵא** שֶׁעָשָׂה אֶת הַשַּׁבָּת. הִיא יְכוֹלָה לָשֶׁבֶת עַל הַסַּפָּה אוֹ לִשְׁכַּב בַּמִּטָּה וְלָנוּחַ. בְּמוֹצָאֵי שַׁבָּת, חַנָּה יוֹצֵאת עִם בַּעֲלָהּ לַקּוֹלְנוֹעַ אוֹ לְבִקּוּר אֵצֶל שְׁכֵנִים, קְרוֹבִים וִידִידִים.

The Schedule of a Housewife.

Hannah is a housewife; she doesn't work outside her house. Her family is large and she must take care of (all) her entire household. Her husband is a worker in a factory and works hard. He is already **forty six years old** and the work is hard.

The couple has two sons, twins, **ten years old** and a big daughter **thirteen years old.** The two other daughters are **eight** and **six years old.**

Every **Sunday** Hannah does [the] washing; every **Monday** and every **Thursday**, she must **go** to the market (in order) to buy vegetables and fruit, meat or chicken and fish to prepare (for the preparation of) food for the whole family.

On **Tuesday** and **Wednesday**, she is busy with sewing. If she has [a] little time left (free), she reads a newspaper or a book.

---

(1) This is the infinitive of a pattern called Hifʿil

Friday is the hardest day because Hannah cannot go out of (from) the house; she must *prepare* the Sabbath meals and (to) do a thorough cleaning in her apartment, in all the rooms, in the kitchen, in the bathroom and also (in) the stairways.

Saturday is the day of rest and Hannah thanks the Creator (that made) for making the Sabbath. She can sit on the sofa or lie in (the) bed and rest. On **Saturday night**, Hannah goes out with her husband to the movies or for a visit to neighbors, relatives and friends.

NEW FORMS AND GRAMMAR RULES

From the text we learn:

1) Expression of age in Hebrew:

The question "how old" (*ms*)   ?בֶּן כַּמָּה

(*literally*: "son [of] how much").

The three other forms are: (*fs*)	בַּת כַּמָּה?
(*mp*)	בְּנֵי כַּמָּה?
(*fp*)	בְּנוֹת כַּמָּה?

For the answer, use   בֶּן , בַּת , בְּנֵי, בְּנוֹת

followed by the number of years. This number is always feminine.

Examples:

בֶּן כַּמָּה אַתָּה? אֲנִי בֶּן שְׁתֵים עֶשְׂרֵה;

How old are you (*ms*)? I am 12.

בַּת כַּמָּה הִיא? הִיא בַּת שֶׁבַע

How old is she? She is 7.

בְּנֵי כַּמָּה הַתְּאוֹמִים? הֵם בְּנֵי עֶשֶׂר

How old are the twins (*m*)? They are 10.

בְּנוֹת כַּמָּה הַתְּאוֹמוֹת? הֵן בְּנוֹת חָמֵשׁ

How old are the twins (*f*)? They are 5.

2) The infinitive of the פ״י is: לָ□ֶ□ֶת

Example:	to go	לָלֶכֶת	(ילך)	הלך
	to leave	לָצֵאת[1]		יצא
	to sit	לָשֶׁבֶת		ישב

3) Some strong roots have an irregular infinitive: (to ride) ; לִרְכַּב (to lie in bed) לִשְׁכַּב

4) The days of the week: Beginning with Sunday, use the word יוֹם followed by the ordinal number. The seventh day of the week is שַׁבָּת.

---

(1) Because the guttural א is in the third letter, the vowel becomes □ֵ. As we also find יוֹצֵאת instead of יוֹשֶׁבֶת.

APPLY AND PRACTICE

A. Translate the Hebrew text into English and then back into Hebrew.

B. Complete the following sentences: (Age; infinitive; days of the week).

1) ______ כַּמָה אֲחוֹתֵךְ? אֲחוֹתִי בַּת (6) ______

2) אֵין אֲנִי יוֹדֵעַ ______ כַּמָה אַתָּה; הַאִם אַתָּה ______ (16)
______ אוֹ (17) ______ ?

3) אִמְרִי לִי בְּבַקָשָׁה ______ כַּמָה שְׁתֵּי הַבָּנוֹת הָאֵלֶה; הֵן
______ (8) ______

4) לְמִשְׁפַּחַת כֹּהֵן יֵשׁ שְׁנֵי תְאוֹמִים ______ (11) ______
______

5) אֵינְכֶם צְרִיכִים לָ(ישב) ______ כָּל הַזְּמַן; צָרִיךְ לָ(הלך)
______ וְלִ(רכב) ______ עַל הַסּוּס.

6) בְּאַמֵרִיקָה עוֹבְדִים מִיּוֹם ______ עַד יוֹם ______ וְ(נוח)
______ בְּיוֹם ______ ויוֹם ______

7) אֵין לְרָחֵל זְמַן פָּנוּי בְּמֶשֶׁךְ (6) ______ יָמִים בַּשָׁבוּעַ; הִיא
יְכוֹלָה לָ(ישב) ______ רַק בַּשַׁבָּת.

8) חַנָה יְכוֹלָה לָ(יצא) ______ מֵהַבַּיִת רַק בְּמוֹצָאֵי שַׁבָּת.

C. Translate:

1) My mother is 42; she is a housewife   and   she doesn't have time to work outside.

2) I must go out now (in order כְּדֵי) to buy bread, vegetables and meat.

3) From Sunday to Friday, the twins will go to school; they are already six years old.

4) The doctor said that you (ms) must lie in bed and not ride (on) a horse.

5) Sarah and Rinah cannot sit even for one minute; they work very hard.

6) We (m) get up late every Monday and Wednesday and on Saturday even later.

7) The movie-house (קוֹלְנֹעַ   ) is full of people on Saturday night.

8) Many housewives go to the market place on Tuesday and Thursday.

9) In Israel, all the boys [who are]   18 years old go to the army.

10) His aunt is younger than his uncle; she is 35 and he is 38.

שִׁעוּר עֶשְׂרִים וְאַרְבָּעָה   TWENTY FOURTH LESSON

הַמּוֹרֶה: דָּן, מַה אַתָּה רוֹצֶה לִהְיוֹת כְּשֶׁתִּהְיֶה גָּדוֹל?

דָּן: אֲנִי רוֹצֶה לִהְיוֹת טַיָּס וְלָעוּף כְּמוֹ צִפּוֹר. יִהְיֶה לִי
מָטוֹס גָּדוֹל.

הַמּוֹרֶה: וְאַתְּ, דִּינָה, מַה אַתְּ רוֹצָה לִהְיוֹת?

דִּינָה   : אֲנִי רוֹצָה לִהְיוֹת רוֹפְאָה אוֹ אָחוֹת וְלַעֲזֹר לַחוֹלִים
שֶׁיִּהְיוּ בְּרִיאִים.

הַמּוֹרֶה: וְאַתָּה רוֹנִי?

רוֹנִי   : אֲנִי רוֹצֶה לִהְיוֹת סוֹחֵר עָשִׁיר, אֶקְנֶה מִגְרָשׁ גָּדוֹל
וְאֶבְנֶה לִי בַּיִת יָפֶה, אֶעֱשֶׂה מְסִבָּה וַחֲבֵרַי יֹאכְלוּ
וְיִשְׁתּוּ וְכֻלָּנוּ נִהְיֶה שְׂמֵחִים. יִהְיוּ לִי הַרְבֵּה
חֲבֵרִים.

הַמּוֹרֶה: טוֹב, לְכֻלְּכֶם יֵשׁ עַכְשָׁו תָּכְנִיּוֹת אֲבָל בְּעוֹד כַּמָּה
שָׁנִים, אוּלַי הַתָּכְנִיּוֹת תִּהְיֶינָה שׁוֹנוֹת, אוּלַי דָּן לֹא

136

יִהְיֶה טַיָּס וְדִינָה לֹא תִהְיֶה רוֹפְאָה, אֲבָל אֲנִי תִקְוָה שֶׁכֻּלְכֶם תִהְיוּ בְּרִיאִים וּמְאֻשָׁרִים; בֵּינְתַיִם, הָבָה נִשְׂמַח כָּאן; אֱכֹל וּשְׁתֵה, דָן; אִכְלִי וּשְׁתִי, דִינָה; אִכְלוּ וּשְׁתוּ, בָּנִים; אֱכֹלְנָה וּשְׁתֶינָה, בָּנוֹת; שֶׁתִהְיֶה לָכֶם בְּרִיאוּת טוֹבָה!

Teacher: Dan, what do you want to be when you grow up (**will be** big)?

Dan: I want to be a pilot and (to) fly like a bird. **I will have** a big plane.

Teacher: And you, Dinah, what do you want to be?

Dinah: I want to be a doctor or a nurse and (to) help (to) the sick [so] that **they will be** healthy.

Teacher: And you, Roni?

Roni: I want to be a rich merchant; **I will buy** a big lot and **I will build** (for myself) a nice house, **I will have** (make) a party; and my friends will eat and (will) **drink** and all of us **will be** happy. **I will have** many friends.

Teacher: Well, all of you have plans now but in a few years, perhaps the plans **will be** different, perhaps Dan **will not be** a pilot and Dinah **will not be** a doctor, but I hope (I am hope) that all of you **will be** healthy and happy; in the meantime, **let us be** glad here; eat and **drink,** Dan; eat and **drink,** Dinah; eat and **drink,** boys; eat and **drink,** girls; [I wish] that **you will have** good health!

NEW FORMS AND GRAMMAR RULES

From the text, we learn:

1) The Future Tense of ל״ה: See model conjugation pp.152-3 (also imperative).

The following examples are taken from the text:

תִּהְיֶה, יִהְיֶה, יִהְיוּ, אֶקְנֶה, אֶבְנֶה, נִהְיֶה, תִּהְיֶינָה

Rule: When the ה does not disappear, it is preceded by a ◌ֶ.

It disappears in the forms: אַתְּ, אַתֶּם, אַתֶּן, הֵם, הֵן,

and is then replaced by a י.

2) Possession in the future tense: The "will have" form: It is the same as the "had" form (p. 101) with the substitution of the "future" of היה instead of the past tense.

Examples:

She will have a son	יִהְיֶה לָהּ בֵּן
We will have a daughter	תִּהְיֶה לָנוּ בַּת
I will have many friends	יִהְיוּ לִי הַרְבֵּה חֲבֵרִים
I will have many pictures	תִּהְיֶינָה לִי הַרְבֵּה תְּמוּנוֹת

3) כַּאֲשֶׁר can be replaced by כְּשֶׁ which must be attached to the word that follows it.

Example taken from the text:

when you will be big כְּשֶׁתִּהְיֶה גָּדוֹל

כַּאֲשֶׁר תִּהְיֶה גָּדוֹל

4) The word הָבָה before the future is equivalent to the English **let us** (usually the we form)

Example: **Let us** rejoice! הָבָה נָגִילָה!

Let us be happy! הָבָה נִשְׂמַח!

APPLY AND PRACTICE

A. Translate the Hebrew text into English and then back into Hebrew.

B. Complete the following sentences: (**will have** form; future of ל״ה; imperative).

1) מָחָר לֹא ______ לִי זְמַן לִלְמֹד כִּי ______ לִי הַרְבֵּה חֲבֵרִים בַּמְּסִבָּה.

2) אֲנִי (קנה) ______ בַּקְבּוּק מִיץ תַּפּוּזִים וְ(שתה) ______ אוֹתוֹ.

3) אֲנִי תִּקְוָה שֶׁ(היה) ______ לָכֶם הַרְבֵּה שְׂמָחוֹת וְשֶׁ(היה) ______ בְּרִיאִים.

4) דוֹדָתִי הַיְקָרָה, כַּאֲשֶׁר (רצה) ______ לָגוּר לְבַד, (בנה) ______ בַּיִת חָדָשׁ.

5) מִי (רצה) ______ לִהְיוֹת טַיָּס כַּאֲשֶׁר (היה) ______ גָּדוֹל?

6) יְלָדִים, (קום) ______ עַכְשָׁיו, (אכל) ______ וּ(שתה) ______ וְ(היה) ______ שְׂמֵחִים.

(joyous occasions שְׂמָחוֹת)
(dear יָקָר)

C. Translate:

1) Next year, we will not have too much work and we will study better.
2) I will buy the wood and you (*ms*) will build the house.
3) Don't cry, little girl, and drink the good milk.
4) Are you sure that the plans will not be different in (בְּעוֹד) five years.
5) The doctors will be very busy; they will have many patients (sick).
6) Let us rejoice and drink all (the) night! Tomorrow, we will have a hard day.
7) I don't know if David will be a pilot; perhaps his sister will be a nurse.
8) [I wish] that they (*m*) will be healthy.

FROM THE SONGS OF ISRAEL:　　　מִשִּׁירֵי יִשְׂרָאֵל

HAVA NAGILA　　　　　　　　　(1 "הָבָה נָגִילָה"

Let us be joyful, let us be joyful　　　הָבָה נָגִילָה, הָבָה נָגִילָה,

Let us be joyful and happy.　　　　הָבָה נָגִילָה וְנִשְׂמְחָה.

Let us sing, let us sing,　　　　הָבָה נְרַנְּנָה, הָבָה נְרַנְּנָה,

Let us, let us sing.　　　　　　הָבָה, הָבָה נְרַנְּנָה.

Wake up, wake up brothers,　　　עוּרוּ, עוּרוּ אַחִים,

Wake up with a happy heart,　　עוּרוּ אַחִים בְּלֵב שָׂמֵחַ,

Wake up brothers, wake up brothers　עוּרוּ אַחִים, עוּרוּ אַחִים

With a happy heart.　　　　　בְּלֵב שָׂמֵחַ.

JERUSALEM OF GOLD　　　　　(2 "יְרוּשָׁלַיִם שֶׁל זָהָב"

The mountain air [is] clear like wine,　אֲוִיר הָרִים צָלוּל כַּיַּיִן,

And the smell of the pine trees　　וְרֵיחַ אֳרָנִים

Is carried by the twilight wind　　נִשָּׂא בְּרוּחַ הָעַרְבַּיִם

With the sound of the bells.　　עִם קוֹל פַּעֲמוֹנִים.

And in the deep sleep of tree and stone　וּבְתַרְדֵּמַת אִילָן וָאֶבֶן

Captive in her dream,　　　　שְׁבוּיָה בַּחֲלוֹמָהּ,

[Is] the city that sits lonely,　　הָעִיר אֲשֶׁר בָּדָד יוֹשֶׁבֶת

[With] a wall in her heart.　　וּבְלִבָּהּ חוֹמָה.

Jerusalem of gold,　　　　　יְרוּשָׁלַיִם שֶׁל זָהָב

And of copper and of light,　　וְשֶׁל נְחוֹשֶׁת וְשֶׁל אוֹר

Surely for all your songs　　　הֲלֹא לְכָל שִׁירַיִךְ

I am a violin.　　　　　　אֲנִי כִּנּוֹר.

141

APPENDIX

I.

NOUNS, ADJECTIVES AND PARTICLES:

A. THE SHVA שְׁוָא there are two kinds:

1) the שְׁוָא נָע (mobile), which is pronounced almost like ◻ֶ

Example: בְּ / רָכָה, תְ / נוּעָה

2) the שְׁוָא נָח (resting), which is silent, *closing* a syllable.

Example: מִסְ–פָּר, שִׁמְ–עוֹן

B. THE DAGESH דָּגֵשׁ is a dot in a consonant which makes it harder, indicating that the letter is pronounced more strongly.

Historically, there are six letters affected in their pronunciation by the *dagesh:*

בּ, גּ, דּ, כּ, פּ, תּ.

In Modern Hebrew, however, only three of them are pronounced differently when they have a *dagesh* (see pp. 2-4).

These are: (b) בּ (v) ב

(k) כּ (kh) כ

(p) פּ (f) פ

In this book, the *dagesh* is used for the above 3 letters, only. As a general rule, the *dagesh* occurs:

1) After a short vowel (see p. 5)

Example: דִּבֵּר, מַכָּה, סִפֵּר,

2) At the beginning of a word.

Example: בְּרָכָה, כָּבוֹד, פָּרָה,

3) After a closed syllable (ending with a שְׁוָא נָח).

Example: אֶשְׁ / בֹּר, מִשְׁ / כָּב, לִתְ / פֹּר

4) The guttural letters א, ה, ח, ע, ר, will never have a *dagesh.* This causes vowel changes in the preceding consonant.

C. THE STRESS נְגִינָה

1) As a rule, the stress is on the *last* syllable:

Example: בָּנוֹת, עֵטִים, יַלְדָּה, תַּלְמִיד.

2) The stress falls on the syllable *before the last* in *nouns* of the following forms:

□□חַ, □ַ□ִ□, □ֹ□ֶ□, □ֶ□ַ□, □ַ□ַ□, □ֵ□ֶ□, □ֶ□ֶ□

Example:

לוֹחַ, מַיִם, בֹּקֶר, פֶּרַח, נַעַר, סֵפֶר, מֶלֶךְ

3) The best way of learning the stress of conjugated verbs, declined nouns, particles and other parts of speech, is through listening and repeating, not memorizing.

D. THE DEFINITE ARTICLE "the" הֵא הַיְדִיעָה

Here are the most important changes in its vowels.

1) As a rule, the vowel is □ַ.

Example: הַבֵּן

(□ַ is a short vowel, therefore a *dagesh* follows).

2) It becomes הָ before א, ע, ר

Example: הָאִישׁ, הָעֶבֶד, הָרָע

Since these letters cannot have a *dagesh*, the ה cannot have a short vowel □ַ.

3) It becomes הֶ before an *unstressed* הָ, חָ, עָ,

Example: the mountains הֶהָרִים,

the wise הֶחָכָם

the cloud הֶעָנָן,

E. THE CONJUNCTION "and" וָו הַחִבּוּר

Here are the most important changes in its vowels.

1) As a rule, the vowel is a □ְ

Example: יָשַׁבְתִּי וְלָמַדְתִּי, מֹשֶׁה וְדָוִד

2) It becomes וּ before the labial consonants ב,ו,מ,פ and before □ְ

Example: דָּוִד וּמֹשֶׁה וּשְׁלֹמֹה

3) It becomes וִ before יְ and the *shva* disappears. Example: תֵּל אָבִיב וִירוּשָׁלַיִם

4) When it precedes a *Hataf* , it takes the vowel of the *Hataf* . Example: וַחֲמוֹר, וֶאֱמֶת וָאֳנִיָּה.

F. DECLENSION OF THE PARTICLES:

On the opposite page you will find the declension of the following particles.

(all)	כֹּל	(after, behind)	אַחֲרֵי
(as, like)	כְּמוֹ	(there is not)	אֵין
(to, for)	לְ	(to)	אֶל
(before)	לִפְנֵי	(near, at)	אֵצֶל
(of, from)	מִן	(with)	אֵת
(on, about)	עַל	(direct object pronoun)	אֶת
(with)	עִם	(in, at, by, with, on)	בְּ
(of)	שֶׁל	(between, among)	בֵּין

אַחֲרֵי	אַחֲרַי	אַחֲרֶיךָ	אַחֲרַיִךְ	אַחֲרָיו	אַחֲרֶיהָ	אַחֲרֵינוּ	אַחֲרֵיכֶם	אַחֲרֵיכֶן	אַחֲרֵיהֶם	אַחֲרֵיהֶן.
אֵין	אֵינִי[1]	אֵינְךָ	אֵינֵךְ	אֵינוֹ[2]	אֵינָהּ[3]	אֵינֶנּוּ	אֵינְכֶם	אֵינְכֶן	אֵינָם	אֵינָן.
אֶל	אֵלַי	אֵלֶיךָ	אֵלַיִךְ	אֵלָיו	אֵלֶיהָ	אֵלֵינוּ	אֲלֵיכֶם	אֲלֵיכֶן	אֲלֵיהֶם	אֲלֵיהֶן.
אֵצֶל	אֶצְלִי	אֶצְלְךָ	אֶצְלֵךְ	אֶצְלוֹ	אֶצְלָהּ	אֶצְלֵנוּ	אֶצְלְכֶם	אֶצְלְכֶן	אֶצְלָם	אֶצְלָן.
אֵת	אִתִּי	אִתְּךָ	אִתָּךְ	אִתּוֹ	אִתָּהּ	אִתָּנוּ	אִתְּכֶם	אִתְּכֶן	אִתָּם	אִתָּן.
אֶת	אוֹתִי	אוֹתְךָ	אוֹתָךְ	אוֹתוֹ	אוֹתָהּ	אוֹתָנוּ	אֶתְכֶם	אֶתְכֶן	אוֹתָם	אוֹתָן.
בְּ	בִּי	בְּךָ	בָּךְ	בּוֹ	בָּהּ	בָּנוּ	בָּכֶם	בָּכֶן	בָּהֶם	בָּהֶן.
בֵּין	בֵּינִי	בֵּינְךָ	בֵּינֵךְ	בֵּינוֹ	בֵּינָהּ	בֵּינֵינוּ	בֵּינֵיכֶם	בֵּינֵיכֶן	בֵּינֵיהֶם	בֵּינֵיהֶן.
כֹּל	כֻּלִּי	כֻּלְּךָ	כֻּלֵּךְ	כֻּלּוֹ	כֻּלָּהּ	כֻּלָּנוּ	כֻּלְּכֶם	כֻּלְּכֶן	כֻּלָּם	כֻּלָּן.
כְּמוֹ	כָּמוֹנִי	כָּמוֹךָ	כָּמוֹךְ	כָּמוֹהוּ	כָּמוֹהָ	כָּמוֹנוּ	כְּמוֹכֶם	כְּמוֹכֶן	כְּמוֹהֶם	כְּמוֹהֶן.
לְ	לִי	לְךָ	לָךְ	לוֹ	לָהּ	לָנוּ	לָכֶם	לָכֶן	לָהֶם	לָהֶן.
לִפְנֵי	לְפָנַי	לְפָנֶיךָ	לְפָנַיִךְ	לְפָנָיו	לְפָנֶיהָ	לְפָנֵינוּ	לִפְנֵיכֶם	לִפְנֵיכֶן	לִפְנֵיהֶם	לִפְנֵיהֶן.
מִן	מִמֶּנִּי	מִמְּךָ	מִמֵּךְ	מִמֶּנּוּ	מִמֶּנָּה	מִמֶּנּוּ	מִכֶּם	מִכֶּן	מֵהֶם	מֵהֶן.
עַל	עָלַי	עָלֶיךָ	עָלַיִךְ	עָלָיו	עָלֶיהָ	עָלֵינוּ	עֲלֵיכֶם	עֲלֵיכֶן	עֲלֵיהֶם	עֲלֵיהֶן.
עִם	עִמִּי	עִמְּךָ	עִמָּךְ	עִמּוֹ	עִמָּהּ	עִמָּנוּ	עִמָּכֶם,	עִמָּכֶן	עִמָּהֶם (עִמָּם)	עִמָּהֶן (עִמָּן).
שֶׁל	שֶׁלִּי	שֶׁלְּךָ	שֶׁלָּךְ	שֶׁלּוֹ	שֶׁלָּהּ	שֶׁלָּנוּ	שֶׁלָּכֶם	שֶׁלָּכֶן	שֶׁלָּהֶם	שֶׁלָּהֶן.

(1) or אֵינֶנִּי (2) or אֵינֶנּוּ (3) or אֵינֶנָּה

G. DECLENSION OF THE NOUN:

This is a model of regular declension (no vowel changes).

f.p.	m.p.	f.s.	m.s.		
סוּסוֹת	סוּסִים	סוּסָה	סוּס		
סוּסוֹתַי	סוּסַי	סוּסָתִי	סוּסִי	my	שֶׁלִי
סוּסוֹתֶיךָ	סוּסֶיךָ	סוּסָתְךָ	סוּסְךָ	your (*ms*)	שֶׁלְךָ
סוּסוֹתַיִךְ	סוּסַיִךְ	סוּסָתֵךְ	סוּסֵךְ	your (*fs*)	שֶׁלָךְ
סוּסוֹתָיו	סוּסָיו	סוּסָתוֹ	סוּסוֹ	his	שֶׁלוֹ
סוּסוֹתֶיהָ	סוּסֶיהָ	סוּסָתָהּ	סוּסָהּ	her	שֶׁלָהּ
סוּסוֹתֵינוּ	סוּסֵינוּ	סוּסָתֵנוּ	סוּסֵנוּ	our	שֶׁלָנוּ
סוּסוֹתֵיכֶם	סוּסֵיכֶם	סוּסַתְכֶם	סוּסְכֶם	your (*mp*)	שֶׁלָכֶם
סוּסוֹתֵיכֶן	סוּסֵיכֶן	סוּסַתְכֶן	סוּסְכֶן	your (*fp*)	שֶׁלָכֶן
סוּסוֹתֵיהֶם	סוּסֵיהֶם	סוּסָתָם	סוּסָם	their (*m*)	שֶׁלָהֶם
סוּסוֹתֵיהֶן	סוּסֵיהֶן	סוּסָתָן	סוּסָן	their (*f*)	שֶׁלָהֶן

Note: A change of vowels may occur in some groups of nouns; they will be studied later.
Example: הָאָב שֶׁלָנוּ = אָבִינוּ ; הַבֶּגֶד שֶׁלִי = בִּגְדִי

II
THE VERB: Conjugation.

It should be noted that only one sample conjugation is given for each case but the forms are identical for similar roots.

All active and passive behavior, including state-of-being situations, are described by the verb.

In Hebrew, the verbs are formed from basic root letters that fall into *strong-root* and *weak-root* categories.

The study of each model conjugation is, therefore, an essential part of all sentence structure.

As stated on page 1, the Hebrew verb has a root, usually of three letters represented by the letters פ ע ל which form the word פָּעַל (act). Sometimes we use the symbol ☐ to represent a root-letter.

Examples:

A verb having the first letter of the root נ is called פ"נ.

A verb having the second letter of the root י is called ע"י.

A verb having the third letter of the root ה is called ל"ה.

The weak consonants are those which sometimes disappear in one of the verb-forms. These are: ה, ו, נ, י.

In א, ה, ח, ע a change of vowels may occur.

A root containing a weak letter is a *weak root* and may have some irregularities in one or more of the verb-forms. This is not the case in *strong roots*.

The following is a model of each form studied in this course. Use it as a reference guide.

A. THE INFINITIVE (מָקוֹר) AND THE PRESENT TENSE (הֹוֶה):

strong	root	infinitive	m.s.	f.s.	m.p.	f.p.
ל"ה	לָמַד	לִלְמֹד	לוֹמֵד	לוֹמֶדֶת	לוֹמְדִים	לוֹמְדוֹת
א"פ	אָמַר	לֵאמֹר	אוֹמֵר	אוֹמֶרֶת	אוֹמְרִים	אוֹמְרוֹת
י"פ	יָצָא	לָצֵאת	יוֹצֵא	יוֹצֵאת	יוֹצְאִים	יוֹצְאוֹת
נ"פ	נָפַל	לִנְפֹּל	נוֹפֵל	נוֹפֶלֶת	נוֹפְלִים	נוֹפְלוֹת
ע"ע	סָבַב	לָסֹב	סוֹבֵב	סוֹבֶבֶת	סוֹבְבִים	סוֹבְבוֹת
ע"ו	קָם	לָקוּם	קָם	קָמָה	קָמִים	קָמוֹת
ע"ו	בָּא	לָבוֹא	בָּא	בָּאָה	בָּאִים	בָּאוֹת
ל"ה	בָּנָה	לִבְנוֹת	בּוֹנֶה	בּוֹנָה	בּוֹנִים	בּוֹנוֹת

150

B. THE PAST TENSE

Change of consonants			Change of vowels only (gutturals)					strong	
ע״י: שיר	ע״ו: קום	ל״ה: בנה	ע״ע: כעס	ע״ח: פחד	ע״ה: נהג	ע״א: שאל	ל״א: קרא	שמר	
שַׁרְתִּי	קַמְתִּי	בָּנִיתִי	כָּעַסְתִּי	פָּחַדְתִּי	נָהַגְתִּי	שָׁאַלְתִּי	קָרָאתִי	שָׁמַרְתִּי	אֲנִי
שַׁרְתָּ	קַמְתָּ	בָּנִיתָ	כָּעַסְתָּ	פָּחַדְתָּ	נָהַגְתָּ	שָׁאַלְתָּ	קָרָאתָ	שָׁמַרְתָּ	אַתָּה
שַׁרְתְּ	קַמְתְּ	בָּנִית	כָּעַסְתְּ	פָּחַדְתְּ	נָהַגְתְּ	שָׁאַלְתְּ	קָרָאת	שָׁמַרְתְּ	אַתְּ
שָׁר	קָם	בָּנָה	כָּעַס	פָּחַד	נָהַג	שָׁאַל	קָרָא	שָׁמַר	הוּא
שָׁרָה	קָמָה	בָּנְתָה	כָּעֲסָה	פָּחֲדָה	נָהֲגָה	שָׁאֲלָה	קָרְאָה	שָׁמְרָה	הִיא
שַׁרְנוּ	קַמְנוּ	בָּנִינוּ	כָּעַסְנוּ	פָּחַדְנוּ	נָהַגְנוּ	שָׁאַלְנוּ	קָרָאנוּ	שָׁמַרְנוּ	אֲנַחְנוּ
שַׁרְתֶּם	קַמְתֶּם	בְּנִיתֶם	כְּעַסְתֶּם	פְּחַדְתֶּם	נְהַגְתֶּם	שְׁאַלְתֶּם	קְרָאתֶם	שְׁמַרְתֶּם	אַתֶּם
שַׁרְתֶּן	קַמְתֶּן	בְּנִיתֶן	כְּעַסְתֶּן	פְּחַדְתֶּן	נְהַגְתֶּן	שְׁאַלְתֶּן	קְרָאתֶן	שְׁמַרְתֶּן	אַתֶּן
שָׁרוּ	קָמוּ	בָּנוּ	כָּעֲסוּ	פָּחֲדוּ	נָהֲגוּ	שָׁאֲלוּ	קָרְאוּ	שָׁמְרוּ	הֵם
שָׁרוּ	קָמוּ	בָּנוּ	כָּעֲסוּ	פָּחֲדוּ	נָהֲגוּ	שָׁאֲלוּ	קָרְאוּ	שָׁמְרוּ	הֵן

C. THE FUTURE TENSE (עָתִיד):

	strong	ע״א ע״ה ע״ח ע״ע	ל״ח ל״ע	ל״א	ע״ו	ע״י	ל״ה	פ״י	פ״נ
	שמר	צחק	שמע	קרא	קום	שיר	בנה	ירד	נסע
אֲנִי	אֶשְׁמֹר	אֶצְחַק	אֶשְׁמַע	אֶקְרָא	אָקוּם	אָשִׁיר	אֶבְנֶה	אֵרֵד	אֶסַּע
אַתָּה	תִּשְׁמֹר	תִּצְחַק	תִּשְׁמַע	תִּקְרָא	תָּקוּם	תָּשִׁיר	תִּבְנֶה	תֵּרֵד	תִּסַּע
אַתְּ	תִּשְׁמְרִי	תִּצְחֲקִי	תִּשְׁמְעִי	תִּקְרְאִי	תָּקוּמִי	תָּשִׁירִי	תִּבְנִי	תֵּרְדִי	תִּסְעִי
הוּא	יִשְׁמֹר	יִצְחַק	יִשְׁמַע	יִקְרָא	יָקוּם	יָשִׁיר	יִבְנֶה	יֵרֵד	יִסַּע
הִיא	תִּשְׁמֹר	תִּצְחַק	תִּשְׁמַע	תִּקְרָא	תָּקוּם	תָּשִׁיר	תִּבְנֶה	תֵּרֵד	תִּסַּע
אֲנַחְנוּ	נִשְׁמֹר	נִצְחַק	נִשְׁמַע	נִקְרָא	נָקוּם	נָשִׁיר	נִבְנֶה	נֵרֵד	נִסַּע
אַתֶּם	תִּשְׁמְרוּ	תִּצְחֲקוּ	תִּשְׁמְעוּ	תִּקְרְאוּ	תָּקוּמוּ	תָּשִׁירוּ	תִּבְנוּ	תֵּרְדוּ	תִּסְעוּ
אַתֶּן	תִּשְׁמֹרְנָה	תִּצְחַקְנָה	תִּשְׁמַעְנָה	תִּקְרֶאנָה	תָּקֹמְנָה	תָּשֵׁרְנָה	תִּבְנֶינָה	תֵּרַדְנָה	תִּסַּעְנָה
הֵם	יִשְׁמְרוּ	יִצְחֲקוּ	יִשְׁמְעוּ	יִקְרְאוּ	יָקוּמוּ	יָשִׁירוּ	יִבְנוּ	יֵרְדוּ	יִסְעוּ
הֵן	תִּשְׁמֹרְנָה	תִּצְחַקְנָה	תִּשְׁמַעְנָה	תִּקְרֶאנָה	תָּקֹמְנָה	תָּשֵׁרְנָה	תִּבְנֶינָה	תֵּרַדְנָה	תִּסַּעְנָה

D. THE IMPERATIVE צִוּוּי

פ״נ	פ״י	ל״ה	ע״י	ע״ו	ל״א	strong	
סַע	רֵד	בְּנֵה	שִׁיר	קוּם	קְרָא	שְׁמֹר	אַתָּה
סְעִי	רְדִי	בְּנִי	שִׁירִי	קוּמִי	קִרְאִי	שִׁמְרִי	אַתְּ
סְעוּ	רְדוּ	בְּנוּ	שִׁירוּ	קוּמוּ	קִרְאוּ	שִׁמְרוּ	אַתֶּם
סַעְנָה	רֵדְנָה	בְּנֶינָה	שֵׁרְנָה	קֹמְנָה	קְרֶאנָה	שְׁמֹרְנָה	אַתֶּן

E. THE PAST PARTICIPLE בֵּינוֹנִי פָּעוּל

f.p.	m.p.	f.s.	m.s.	root
שְׁמוּרוֹת	שְׁמוּרִים	שְׁמוּרָה	שָׁמוּר[1]	שמר strong
בְּנוּיוֹת	בְּנוּיִים	בְּנוּיָה	בָּנוּי	(ל״ה) בנה

F. INTERROGATION שְׁאֵלָה

For all tenses and forms, use the word הַאִם before the affirmative statement.

G. NEGATION שְׁלִילָה

1) For *the present tense only*, use אֵין before the subject (noun or pronoun). You may also use the contracted form (אֵין before the pronoun), i.e. the declension of אֵין

2) For all the other tenses, use לֹא before the verb.

---

(1) If the 3rd letter of the root is guttural: □ָ□וּ□ַ
Ex: (open) פָּתוּחַ (known) יָדוּעַ

VOCABULARY

Before using the vocabulary, get acquainted with the following instructions:

The vocabulary has two sections: (I) English-Hebrew
(II) Hebrew-English

1) The English-Hebrew section is arranged alphabetically. It contains all the words used in this course, and will serve for translations and compositions (if they are within the limits of this book). The abbreviations in parentheses are:

(n) = noun;	(adj) = adjective;
(v) = verb;	(adv) = adverb;
feminine = נְקֵבָה (נ)	masculine = זָכָר (ז)

Nouns and adjectives are given in their *masc. sing.* form; declinable particles are given in their undeclined form; verbs are given in their roots (3 letters, no vowels).

2) The Hebrew-English section is not arranged alphabetically, since every word in the Hebrew text is translated literally in the English passages.

This section is therefore arranged according to groups, each group containing only words of the same function and same form. Thus we have 29 word-groups; the words in each are arranged alphabetically.

155

A. NOUNS:

1) *Masc.* nouns of the forms:

ּ◻◻ֱ◻ֹ, ◻◻ֵ◻ֹ, ◻◻ָ◻ֹ, ◻◻ֶ◻ֹ, ◻◻ִ◻ֹ;   (stress on first syllable):
pl.   ◻◻ָ◻ִים

2) *Masc.* nouns of the same   forms as 1)   but with a
   guttural   as first letter; same stress :

   pl.:   ◻◻ֲ◻ִים   or   ◻◻ָ◻ֳים

3) Nouns of the *masc.* gender but *feminine form:*
   (◻ָה, or   ◻ת)

4) Nouns of the *fem.* gender but *masculine form:*
   (no ◻ָה , no   ◻ת)

5) *Masc.* nouns with a *fem. pl. ending* ◻וֹת ; *pl.* forms
   with change in vowels are given in parentheses.

6) *Fem.* nouns with a *masc. pl. ending* ◻ִים

7) Irregular *pl.* though regular gender and ending.

8) Same   as 7) but predictable: The ת of the *sing.*
   drops. Gender: *fem.*

9) Parts of the body in *pairs*; also objects related to the
   body in *pairs:* Gender: *fem.* (except גֶּרֶב);
   pl. ending ◻ַיִם , called *dual.*

10) Nouns *always* in the *pl.* Gender: *masc.*
    (פָּנִים is both *masc.* and *fem.*)

11) Forms: ◻◻ִיָ◻ה   (noun of action);
    ◻◻ִיָה   for ל״ה roots ;
    ◻ִ becomes ◻ֶ for guttural .

12) Form: ◻◻ָ◻ , usually indicating profession.

156

B. ADJECTIVES:

13) One-syllable adjectives, ending: ◌ָה (*f.s.*); ◌ִים (*m.p.*); ◌וֹת (*f.p.*).

14) Endings: ◌ֶה (*ms*) become ◌ָה (*fs*). In the plural, the ◌ֶה changes into ◌ִים (*mp*) and ◌וֹת (*fp*).

15-19) Adjectives in which the ◌ָ of the first letter (*m.s.*) becomes a ◌ְ in the three other forms (*f.s., m.p., f.p.*). (◌ֲ for gutturals).

20) Adjectives in which the ◌ֹ of the second letter (*m.s.*) becomes a ◌ְ in the three other forms. Also, same as 15-19.

C. VERBS: [1]

21) Verbs with future "a" (◌ַ) and imperative "a" (◌ַ).

22) ל״א   verbs.

23) ל״ה   verbs.

24) ע״ו — ע״י,   verbs.

25) פ״י   verbs.

26) פ״נ   verbs.

27) Abbreviations most commonly used.

28) Cardinal numbers (*masc.* and *fem.*; read from right to left).

29) Ordinal numbers (*masc.* and *fem.*; read from right to left).

---

(1) For the reason behind this grouping, see the appendix (Verbs).

I. ENGLISH-HEBREW

A

about	עַל
according	לְפִי
account	חֶשְׁבּוֹן
after	אַחֲרֵי
afternoon	אַחֲרֵי הַצָּהֳרַיִם
against	נֶגֶד
ago	לִפְנֵי ...
all	כֹּל, כָּל הַ...
almost	כִּמְעַט
already	כְּבָר
also	גַּם
always	תָּמִיד
and	וְ־
annihilation	הַשְׁמָדָה
anniversary	יוֹם הֻלֶּדֶת
answer (v)	ענה
answer (n)	תְּשׁוּבָה
apartment	דִּירָה
apple	תַּפּוּחַ
arithmetic	חֶשְׁבּוֹן
army	צָבָא
around	מִסָּבִיב
artery	עוֹרֵק
as	כְּמוֹ, כְּ־
at	בְּ־, אֵצֶל
atonement	כַּפָּרָה, כִּפּוּר
aunt	דוֹדָה

B

bad	רָע
bag	יַלְקוּט
bake	אפה
barber	סַפָּר
bathe	טבל, רחץ
bathroom	אַמְבַּטְיָה
be	היה
beautiful	יָפֶה
because	מִפְּנֵי שֶׁ־
bed	מִטָּה
before	לִפְנֵי
bench	סַפְסָל
better	יוֹתֵר טוֹב
big	גָּדוֹל
bird	צִפּוֹר (נ)

bitter	מַר
black	שָׁחוֹר
blanket	שְׂמִיכָה
blood	דָּם
blow (v)	נשב
blue	כָּחֹל
board	לוּחַ
body	גּוּף
bondage	עַבְדוּת
bone	עֶצֶם (נ)
book	סֵפֶר
bound	קָשׁוּר
boy	יֶלֶד
brain	מוֹחַ
bread	לֶחֶם
break	שבר
breakfast	אֲרוּחַת בֹּקֶר
breathe	נשם
brother	אָח
brother-in-law	גִּיס
brown	חוּם
build	בנה
building (n)	בִּנְיָן
bunch of grapes	אֶשְׁכּוֹל עֲנָבִים
busy	עָסוּק
but	אֲבָל
buy	קנה
by heart	בְּעַל פֶּה

C

cafeteria	מִזְנוֹן
cake	עֻגָה
camp	מַחֲנֶה
candle	נֵר
canteen	מֵימִיָה
car	מְכוֹנִית
carpenter	נַגָּר
catch	תפס
celebrate	חגג
chain	שַׁרְשֶׁרֶת
chalk	גִּיר
chapter	פֶּרֶק
cheese	גְּבִינָה
children	יְלָדִים
city	עִיר (נ)
classroom	כִּתָּה
clean	נָקִי
clear	בָּרוּר
clinic	מַרְפֵּאָה
close (v)	סגר
clothes	בְּגָדִים
coffee	קָפֶה
cold (adj)	קַר
collect	אסף

come	בוא
committee	וַעַד
complaint	טַעֲנָה
composition	חִבּוּר
concert	קוֹנְצֶרְט
cooked	מְבֻשָּׁל
correct	נָכוֹן
country	אֶרֶץ (נ), מְדִינָה
couple	זוּג
courtyard	חָצֵר (נ)
cousin (m)	בֶּן דוֹד, בֶּן דוֹדָה
cousin (f)	בַּת דוֹדָה בַּת דוֹד,
Creator	בּוֹרֵא
cry	בכה

D

Daddy	אַבָּא
dance	רקד
danger	סַכָּנָה
daughter	בַּת
day	יוֹם
dear	יָקָר
deluge	מַבּוּל
descend	ירד
desirable	רָצוּי
desk	מַכְתֵּבָה
different	שׁוֹנֶה
difficult	קָשֶׁה
digestion	עִכּוּל
diligent	חָרוּץ
dinner	אֲרוּחַת עֶרֶב
direction	כִּווּן
distance	מֶרְחָק
do	עשה
doctor	רוֹפֵא
dog	כֶּלֶב
door	דֶּלֶת
draft (paper)	טְיוּטָה
dress	שִׂמְלָה
drink	שתה
drive	נהג
driver	נֶהָג

E

each	כָּל ...
ear	אֹזֶן (נ)
early	מֻקְדָּם
easy	קַל

eat	אכל
effort	מַאֲמָץ
Egypt	מִצְרַיִם
elder	בְּכוֹר
elephant	פִּיל
end	סוֹף
English (language)	אַנְגְּלִית
entrance	כְּנִיסָה
equipment	צִיּוּד
essay	חִבּוּר
evening	עֶרֶב
everybody	כָּל אֶחָד, כֻּלָּם
exactly	בְּדִיּוּק
exam	בְּחִינָה
excellent	מְצֻיָּן
excretion	הַפְרָשָׁה
exercise	תַּרְגִּיל
exit	יְצִיאָה
expensive	יָקָר
eye	עַיִן (נ)

F

face	פָּנִים
factory	בֵּית חֲרוֹשֶׁת
fall (v)	נפל
family	מִשְׁפָּחָה
far	רָחוֹק
fast	מַהֵר
fast (v)	צום
fat	שָׁמֵן
father	אָב
feast	חַג, חֲגִיגָה
festival	חַג, מוֹעֵד
few	מְעַט, מְעַטִּים
field	שָׂדֶה
find	מצא
finish	גמר
fish	דָּג
fish (v)	דוג
fisherman	דַּיָּג
flee	ברח
flesh	בָּשָׂר
flower	פֶּרַח
fly	עוף, טוס
forbidden	אָסוּר
forest	יַעַר
forget	שכח
forgive	סלח
forgiveness	סְלִיחָה
fork	מַזְלֵג
free	חָפְשִׁי
freedom	חֹפֶשׁ
Friday	יוֹם שִׁשִּׁי

fried	מְטֻגָּן
friend	חָבֵר, יָדִיד
from	מִן, מ־
frontier	גְּבוּל
fruit	פְּרִי, פֵּרוֹת
full	מָלֵא
future	עָתִיד

G

garden	גַּן
generally	בְּדֶרֶךְ כְּלָל
geography	גֵּיאוֹגְרַפְיָה
get up	קוּם
gift	מַתָּנָה
girl	בַּת, נַעֲרָה, בַּחוּרָה
give	נתן
glad	שָׂמֵחַ
go	הלך
go down	ירד
go out	יצא
go up	עלה
good	טוֹב
grade	צִיּוּן
grammar	דִּקְדּוּק
grandfather	סָב
grandmother	סָבָה
grapes	עֲנָבִים
great	גָּדוֹל
green	יָרֹק
grey	אָפֹר
group	קְבוּצָה
grow	גדל
guide	מַדְרִיךְ

H

half	חֵצִי
hang	תלה
happen	קרה
happy	שָׂמֵחַ
hard	קָשֶׁה
hate	שׂנא
he	הוּא
head	רֹאשׁ
health	בְּרִיאוּת
healthy	בָּרִיא
hear	שמע
hearing	שְׁמִיעָה
heart	לֵב
heavy	כָּבֵד
Hebrew	עִבְרִית

hello	שָׁלוֹם
help (v)	עזר
help (n)	עֶזְרָה
here	כָּאן, פֹּה
hero	גִּבּוֹר
high	גָּבוֹהַּ
history	הִסְטוֹרְיָה
holiday	חַג
home	בַּיִת
homework	שִׁעוּרֵי בַּיִת
honor	כָּבוֹד
horse	סוּס
hospital	בֵּית חוֹלִים
hot	חַם
hour	שָׁעָה
house	בַּיִת (ז)
housewife	עֲקֶרֶת בַּיִת
how	אֵיךְ
how many	כַּמָּה
how much	כַּמָּה
hunt (v)	צוד
hunter	צַיָּד
husband	בַּעַל

I

ice cream	גְּלִידָה
if	אִם
important	חָשׁוּב
in	בְּתוֹךְ, בְּ־
in front of	מוּל, לִפְנֵי
in order (to)	כְּדֵי לְ־
independence	עַצְמָאוּת
inside	בִּפְנִים
interesting	מְעַנְיֵן
intestines	מֵעַיִם
into	בְּתוֹךְ, לְתוֹךְ, בְּ..., לְ...
iron	בַּרְזֶל
Israel	יִשְׂרָאֵל
investigate	חקר
investigation	חֲקִירָה

J

Jerusalem	יְרוּשָׁלַיִם
Jew	יְהוּדִי
joy	שִׂמְחָה
juice	מִיץ
jump (v)	קפץ
jump (n)	קְפִיצָה
justice	צֶדֶק

K

keep	שמר
keep silent	שתק
kindergarten	גַּן יְלָדִים
king	מֶלֶךְ
kitchen	מִטְבָּח
knife	סַכִּין (נ)
know	ידע

L

lady	גְּבֶרֶת
large	גָּדוֹל
last	אַחֲרוֹן
late	מְאֻחָר
lawn	דֶּשֶׁא
lazy	עָצֵל
learn	למד
leave	עזב
leg	רֶגֶל (נ)
less	פָּחוֹת
lesson	שִׁעוּר
letter	מִכְתָּב
liberation	שִׁחְרוּר
lie (in bed)	שכב
lie(n)	שֶׁקֶר
light	אוֹר
like (v)	אהב
like	כְּמוֹ, כְּ־
line	שׁוּרָה
lip	שָׂפָה
little (adj)	קָטָן
little (adv)	מְעַט
live (v), dwell	גור
London	לוֹנְדוֹן
long	אָרֹךְ
lot (of ground)	מִגְרָשׁ
love	אהב
lunch	אֲרוּחַת צָהֳרַיִם

M

machine	מְכוֹנָה
mainly	בְּעִקָּר
make	עשׂה
man	אִישׁ
manager	מְנַהֵל
many	הַרְבֵּה

market	שׁוּק
material	חֹמֶר
math	חֶשְׁבּוֹן
matter	עִנְיָן
matzoth	מַצּוֹת
meal	אֲרוּחָה
meat	בָּשָׂר
meet	פגשׁ
meeting	פְּגִישָׁה, יְשִׁיבָה
memory	זִכָּרוֹן
merchant	סוֹחֵר
mercy	רַחֲמִים
middle (n)	אֶמְצַע
mild	נָעִים
military	צְבָאִי
milk	חָלָב
miracle	נֵס
missing	חָסֵר
mistake	שְׁגִיאָה
Mommy	אִמָּא
Monday	יוֹם שֵׁנִי
money	כֶּסֶף
month	חֹדֶשׁ
more	עוֹד, יוֹתֵר
morning	בֹּקֶר
mother	אֵם
mountain	הַר
mourning	אֵבֶל
mouth	פֶּה
move (v)	נוע, זוז
movies	קוֹלְנוֹעַ
much	הַרְבֵּה
muscle	שָׁרִיר
music	מוּזִיקָה
must	צָרִיךְ

N

nail	מַסְמֵר
name	שֵׁם
napkin	מַפָּה, מַפִּית
near	קָרוֹב, עַל יַד
need	צָרִיךְ
neighbor	שָׁכֵן
never	אַף פַּעַם לֹא
nevertheless	בְּכָל זֹאת
new	חָדָשׁ
news	חֲדָשׁוֹת
newspaper	עִתּוֹן
nice	יָפֶה
night	לַיְלָה (ז)
no	לֹא
nobody	אַף אֶחָד לֹא
north	צָפוֹן
nose	אַף

notebook	מַחְבֶּרֶת
nothing	לֹא כְלוּם, שׁוּם דָּבָר לֹא
now	עַכְשָׁיו, עַתָּה
nurse	אָחוֹת

O

obey	שמע לְ־
obstacle	מִכְשׁוֹל
of	שֶׁל, מִן, מִ־
old	זָקֵן, עַתִּיק
on	עַל, בְּ־
once	פַּעַם אַחַת
only	רַק
open (v)	פתח
orange	תַּפּוּז
order	סֵדֶר
organ (of body)	אֵבֶר
other	אַחֵר
outside	בַּחוּץ

P

page	עַמּוּד
pants	מִכְנָסַיִם
parents	הוֹרִים
Paris	פָּרִיז
party	מְסִבָּה
past	עָבָר
pen	עֵט
people (one)	עַם
people (many)	אֲנָשִׁים
pepper	פִּלְפֵּל
perhaps	אוּלַי
person	בֶּן אָדָם, נֶפֶשׁ (נ)
pick	קטף
picture	תְּמוּנָה
piece	חֲתִיכָה
pillow	כַּר
pilot	טַיָּס
pinch	צבט
place	מָקוֹם
plan	תָּכְנִית
plant (v)	נטע
pleasant	נָעִים
please	בְּבַקָּשָׁה
pleasure	תַּעֲנוּג
pocket	כִּיס
poor	עָנִי
present (gift)	מַתָּנָה
present (tense)	הוֹוֶה
pretty	יָפֶה
prisoner	שָׁבוּי
put	שִׂים

Q

quarrel (v)	ריב
question	שְׁאֵלָה
quickly	מַהֵר
quiet (adj)	שָׁקֵט
quiet (n), silence	שֶׁקֶט

R

rain	גֶּשֶׁם
read	קרא
ready	מוּכָן
recess	הַפְסָקָה
red	אָדֹם
refreshing	מְרַעֲנֵן
relative	קָרוֹב
remember	זכר
representative	נָצִיג
reserved	שָׁמוּר
restaurant	מִסְעָדָה
return (v)	חזר
reversed	הָפוּךְ
rich	עָשִׁיר
ride (v)	רכב
rise (v)	קום
river	נַחַל, נָהָר, יְאוֹר
role	תַּפְקִיד
roof	גַּג
room	חֶדֶר
rope	חֶבֶל
rotten	רָקוּב
run (v)	רוץ
rusted	חָלוּד

S

salad	סָלָט
salt shaker	מִלְחִיָּה
Saturday	שַׁבָּת
say (v)	אמר
schedule	לוּחַ זְמַנִּים
school	בֵּית סֵפֶר
science	מַדָּע
sea	יָם
season	עוֹנָה
seat	מָקוֹם, מוֹשָׁב
secure	בָּטוּחַ
see	ראה
send	שלח
sense	חוּשׁ
sentence	מִשְׁפָּט

sew	תפר
she	הִיא
shop	חָנוּת
shore	חוֹף
shout (v)	צעק
shut	סגר
sick	חוֹלֶה
sight	רְאִיָּה
simple	פָּשׁוּט
simply	פָּשׁוּט
sing (v)	שִׁיר
sister	אָחוֹת
sister-in-law	גִּיסָה
sit	ישב
situation	מַצָּב
skeleton	שֶׁלֶד
skin	עוֹר
skinny	רָזֶה
slice	פְּרוּסָה
slowly	לְאַט
small	קָטָן
smell (n)	רֵיחַ
snow	שֶׁלֶג
so	כַּךְ, כֹּה ...
sofa	סַפָּה
someone	מִישֶׁהוּ
something	מַשֶּׁהוּ
sometimes	לִפְעָמִים
son	בֵּן
song	שִׁיר
soup	מָרָק
south	דָּרוֹם
spoon	כַּף (נ)
spring	אָבִיב
stamp	בּוּל
stand (v)	עמד
steal	גנב
stomach	קֵיבָה
stone	אֶבֶן (נ)
story	סִפּוּר
strength	כֹּחַ, חֹזֶק
strong	חָזָק
student	תַּלְמִיד, סְטוּדֶנְט
studies	לִמּוּדִים
study (v)	למד
stuffed	מְמֻלָּא
suddenly	פִּתְאוֹם
sufficient	מַסְפִּיק
summer	קַיִץ
sun	שֶׁמֶשׁ (נ)
Sunday	יוֹם רִאשׁוֹן
sure	בָּטוּחַ
sweet	מָתוֹק
swim (v)	שׂחה
system	מַעֲרֶכֶת

T

table	שֻׁלְחָן
take	לקח
tall	גָּבוֹהַּ
taste	טַעַם
tasty	טָעִים
teacher	מוֹרֶה
television	טֶלֶבִיזְיָה
Temple	בֵּית הַמִּקְדָּשׁ
thank you	תּוֹדָה
that (demonstrative)	הַהוּא, הַהִיא
that (rel. pr.)	אֲשֶׁר, שֶׁ־
the	הַ־
there	שָׁם
there is, there are	יֵשׁ
there is not there are not	אֵין
therefore	לָכֵן, עַל כֵּן
these	אֵלֶּה
they	הֵם
thick	עָבֶה
think	חשב
this	זֶה, זאת
though	אַף עַל פִּי שֶׁ־
Thursday	יוֹם חֲמִישִׁי
time	זְמַן
time (one time)	פַּעַם (נ)
today	הַיּוֹם
together	בְּיַחַד, יַחַד
tomorrow	מָחָר
tongue	לָשׁוֹן (נ)
to	אֶל, לְ־
too	גַּם, הַרְבֵּה
too bad	חֲבָל
tooth	שֵׁן (נ)
Torah	תּוֹרָה
total (n)	סַךְ הַכֹּל
touch (n)	מִשּׁוּשׁ
tower	מִגְדָּל
train	רַכֶּבֶת
travel (v)	נסע
tree	עֵץ
trip	טִיּוּל
truck	מַשָּׂאִית
true	נָכוֹן
truth	אֱמֶת
Tuesday	יוֹם שְׁלִישִׁי
twin	תְּאוֹם

U

uncle	דוֹד
unoccupied	פָּנוּי
utensils	כֵּלִים

V

vegetables	יְרָקוֹת (ז)
vehicle	מְכוֹנִית
vein	וָרִיד
very	מְאֹד
visit (n)	בִּקּוּר
voice	קוֹל
voyage	נְסִיעָה

W

waiter	מֶלְצָר
walk (v)	הלך
wall	קִיר
wallet	אַרְנָק
want (v)	רצה
war	מִלְחָמָה
wash (v)	רחץ
watch (guard) (v)	שמר
watch (guard) (n)	שְׁמִירָה
water	מַיִם
way	דֶּרֶךְ (נ)
we	אֲנַחְנוּ
weak	חַלָּשׁ
wear	לבש
weather	מֶזֶג אֲוִיר
wedding	חֲתֻנָּה
Wednesday	יוֹם רְבִיעִי
week	שָׁבוּעַ
weight	מִשְׁקָל
well	טוֹב, הֵיטֵב
what	מַה
when	מָתַי?, כַּאֲשֶׁר
where	אֵיפֹה
which	אֲשֶׁר, שֶׁ־, אֵיזֶה?
white	לָבָן
who	מִי?, אֲשֶׁר
whom	אֶת מִי?, אֲשֶׁר
why	לָמָּה, מַדּוּעַ
wicked	רָע, רָשָׁע
wind	רוּחַ (נ)
window	חַלּוֹן
winter	חֹרֶף
wise	חָכָם
with	אֶת, עִם, בְּ־
within	תּוֹךְ, בְּתוֹךְ
woman	אִשָּׁה
wonder	פֶּלֶא
wonderful	נִפְלָא
wood	עֵץ
word	מִלָּה
work (v)	עבד

work (n)	עֲבוֹדָה
worker	עוֹבֵד, פּוֹעֵל
world	עוֹלָם
worry (v)	דאג
wounded	פָּצוּעַ
write	כתב

Y

year	שָׁנָה
yellow	צָהֹב
yes	כֵּן
yesterday	אֶתְמוֹל
you	אַתָּה, אַתְּ, אַתֶּם, אַתֶּן
young	צָעִיר

II. HEBREW-ENGLISH

A. NOUNS:

1) *Masc.* nouns of the forms:

□ֶ□ֶ□, □ֵ□ֶ□, □ַ□ַ□, □ֶ□ַ□, □ֹ□ֶ□; (stress on first syllable):

pl. □ְ□ָ□ִים

adolescent	נַעַר	clothes	בֶּגֶד (בְּגָדִים)
order	סֵדֶר	husband, owner	בַּעַל
book	סֵפֶר	morning	בֹּקֶר
fear	פַּחַד	man	גֶּבֶר
wonder	פֶּלֶא	rain	גֶּשֶׁם
statue, idol	פֶּסֶל	lawn, grass	דֶּשֶׁא
chapter	פֶּרֶק	rose	וֶרֶד
opening	פֶּתַח	part	חֵלֶק
color	צֶבַע	taste	טַעַם
connection, tie	קֶשֶׁר	boy, child	יֶלֶד
instant	רֶגַע	dog	כֶּלֶב
thunder	רַעַם	money	כֶּסֶף
impression	רֹשֶׁם	vineyard	כֶּרֶם
tribe	שֵׁבֶט	bread	לֶחֶם
snow	שֶׁלֶג	salt	מֶלַח
skeleton	שֶׁלֶד	king	מֶלֶךְ
gate	שַׁעַר	river	נַחַל
lie (n)	שֶׁקֶר	grandson	נֶכֶד

2) *Masc.* nouns of the same forms as 1) but with a guttural as first letter; same stress :

pl.: □ֳ□ָ□ִים or □ֲ□ָ□ִים

collection	אֹסֶף (אֳסָפִים)	organ (body)	אֵבֶר (אֲבָרִים)
month	חֹדֶשׁ (חֳדָשִׁים)	rope	חֶבֶל (חֲבָלִים)
material	חֹמֶר (חֳמָרִים)	room	חֶדֶר (חֲדָרִים)
winter	חֹרֶף (חֳרָפִים)	slave	עֶבֶד (עֲבָדִים)
		evening	עֶרֶב (עֲרָבִים)

3) Nouns of the *masc.* gender but *feminine form:*

(□ָה, or ת)

night	לַיְלָה (לֵילוֹת)	house	בַּיִת (בָּתִּים)
crew	צֶוֶת (צְוָתִים)	olive	זַיִת (זֵיתִים)

4) Nouns of the *fem.* gender but *masculine form*:

(no □ָה , no ת)

plural: □וֹת *plural:* □ִים

mother	אֵם (אִמּוֹת, אִמָּהוֹת)	stone	אֶבֶן (אֲבָנִים)
land, country	אֶרֶץ (אֲרָצוֹת)	belly	בֶּטֶן (בְּטָנִים)
courtyard	חָצֵר (חֲצֵרוֹת)	way	דֶּרֶךְ (דְּרָכִים)
glass, cup	כּוֹס (כּוֹסוֹת)	knife	סַכִּין (סַכִּינִים)
spoon	כַּף (כַּפּוֹת)	city	עִיר (עָרִים)
tongue	לָשׁוֹן (לְשׁוֹנוֹת)	time (one)	פַּעַם (פְּעָמִים)
soul, person	נֶפֶשׁ (נְפָשׁוֹת)	bird	צִפּוֹר (צִפֳּרִים)
bone	עֶצֶם (עֲצָמוֹת)		
wind	רוּחַ (רוּחוֹת)		

5) *Masc.* nouns with a *fem. pl. ending* □וֹת ; *pl.* forms with change in vowels are given in parentheses.

place, seat	מָקוֹם	father	אָב
candle	נֵר	light	אוֹר
secret	סוֹד	frontier, border	גְּבוּל
skin, leather	עוֹר	roof	גַּג
pencil	עִפָּרוֹן (עֶפְרוֹנוֹת)	generation	דּוֹר
fruit	פְּרִי (פֵּרוֹת)	couple	זוּג
army	צָבָא (צְבָאוֹת)	sand	חוֹל
pipe, tube	צִנּוֹר	dream	חֲלוֹם
voice	קוֹל	window	חַלּוֹן
wall	קִיר	math, bill	חֶשְׁבּוֹן
street	רְחוֹב	vegetable	יָרָק (יְרָקוֹת)
smell	רֵיחַ	force, strength	כֹּחַ
idea	רַעְיוֹן	chair	כִּסֵּא (כִּסְאוֹת)
week	שָׁבוּעַ	heart	לֵב (לְבָבוֹת)
field	שָׂדֶה (שָׂדוֹת)	board	לוּחַ
table	שֻׁלְחָן	fork	מַזְלֵג
name, noun	שֵׁם	camp	מַחֲנֶה (מַחֲנוֹת)
pleasure	תַּעֲנוּג	key	מַפְתֵּחַ

6) *Fem.* nouns with a *masc. pl. ending* □ִים

year	שָׁנָה (שָׁנִים)	woman	אִשָּׁה (נָשִׁים)
fig	תְּאֵנָה (תְּאֵנִים)	egg	בֵּיצָה (בֵּיצִים)
		word	מִלָּה (מִלִּים)

7) Irregular *pl.* though regular gender and ending.

day	יוֹם (יָמִים)	man	אִישׁ (אֲנָשִׁים)
side	צַד (צְדָדִים)	girl, daughter	בַּת (בָּנוֹת)

8) Same as 7) but predictable: The ת of the *sing.* drops. Gender: *fem.*

car, vehicle	מְכוֹנִית (מְכוֹנִיּוֹת)	sister	אָחוֹת (אֲחָיוֹת)
		angle	זָוִית (זָוִיוֹת)
plan	תָּכְנִית (תָּכְנִיּוֹת)	shop	חָנוּת (חֲנֻיּוֹת)

9) Parts of the body in *pairs*; also objects related to the body in *pairs:* Gender: *fem.* (except גֶּרֶב); *pl. ending* ◻ַיִם, called *dual.*

shoe	נַעַל (נַעֲלַיִם)	ear	אֹזֶן (אָזְנַיִם)
eye	עַיִן (עֵינַיִם)	sock	גֶּרֶב (ז) (גַּרְבַּיִם)
foot	רֶגֶל (רַגְלַיִם)	hand	יָד (יָדַיִם)
tooth	שֵׁן (שִׁנַּיִם)	wing	כָּנָף (כְּנָפַיִם)
lip	שָׂפָה (שְׂפָתַיִם)	pant (s)	מִכְנָס (מִכְנָסַיִם)

10) Nouns *always* in the *pl.* Gender: *masc.*
(פָּנִים is both *masc.* and *fem.*)

mercy	רַחֲמִים	life	חַיִּים
sky	שָׁמַיִם	water	מַיִם
		face	פָּנִים

11) Forms: ◻ְ◻ִי◻ָה (noun of action);
◻ְ◻ִיָּה for ל״ה roots;
◻ְ becomes ◻ֲ for guttural.

forgiveness	סְלִיחָה	exam	בְּחִינָה
meeting	פְּגִישָׁה	investigation	חֲקִירָה
jump	קְפִיצָה	piece	חֲתִיכָה
sight	רְאִיָּה	exit	יְצִיאָה
mistake	שְׁגִיאָה	sitting, meeting	יְשִׁיבָה
hearing	שְׁמִיעָה	entrance	כְּנִיסָה
watch, guard	שְׁמִירָה	travel	נְסִיעָה

12) Form: ◻ַ◻ָּ◻ , usually indicating profession.

barber	סַפָּר	robber, thief	גַּנָּב
sculptor	פַּסָּל	fisherman	דַּיָּג
painter (paint)	צַבָּע	tenant	דַּיָּר
hunter	צַיָּד	glazier	זַגָּג
painter (artist)	צַיָּר	pilot	טַיָּס
butcher	קַצָּב	fiddler	כַּנָּר
sexton	שַׁמָּשׁ	sailor	מַלָּח
tourist	תַּיָּר	carpenter	נַגָּר

B. ADJECTIVES:

13) One-syllable adjectives, ending: □ָה (*f.s.*) □ִים (*m.p.*); □וֹת (*f.p.*).

cold	קַר	stranger, foreigner	זָר
bad	רָע	hot	חַם
naive	תָּם	bitter	מַר
		easy	קַל

14) Endings: □ֶה (*ms*) become □ָה (*fs*). In the plural, the □ֶה changes into □ִים (*mp*) and □וֹת (*fp*).

skinny	רָזֶה	beautiful	יָפֶה (יָפָה, יָפִים, יָפוֹת)
sick	חוֹלֶה	thick	עָבֶה
stupid	שׁוֹטֶה	hard, difficult	קָשֶׁה
different	שׁוֹנֶה		

15) Form □□ֵ□ָ (*ms*), the □ָ becomes □ְ for the *fs*, *mp*, and *fp*.
(□ֲ for gutturals).

tired	עָיֵף	old	זָקֵן (זְקֵנָה, זְקֵנִים, זְקֵנוֹת)
lazy	עָצֵל	missing	חָסֵר (חֲסֵרָה ...
happy	שָׂמֵחַ	heavy	כָּבֵד
fat	שָׁמֵן	full	מָלֵא
quiet	שָׁקֵט		

16) Form ◌ָ◌ָ◌ (*ms*); the ◌ָ becomes ◌ְ for *fs*, *mp*, and *fp*. (◌ֲ for gutturals).

straight	יָשָׁר	new	חָדָשׁ
white	לָבָן	strong	חָזָק
small	קָטָן	wise	חָכָם
short	קָצָר	smooth	חָלָק
wicked	רָשָׁע	dear, expensive	יָקָר

17) Form ◌ָ◌ִ◌י or ◌ָ◌ִי◌ (*ms*); the ◌ָ becomes ◌ְ for *fs*, *mp*, and *fp*. (◌ֲ for gutturals).

clean	נָקִי	healthy	בָּרִיא
poor	עָנִי	tasty	טָעִים
rich	עָשִׁיר	fresh	טָרִי
young	צָעִיר	pleasant	נָעִים

18) Form ◌ָ◌וּ◌ (*ms*); the ◌ָ becomes ◌ְ for *fs*, *mp*, and *fp*. (◌ֲ for gutturals).

sad	עָצוּב	forbidden	אָסוּר
shrewd	עָרוּם	sure, secure	בָּטוּחַ
wounded	פָּצוּעַ	blessed	בָּרוּךְ
simple	פָּשׁוּט	clear	בָּרוּר
torn	קָרוּעַ	reversed	הָפוּךְ
tied	קָשׁוּר	rusty	חָלוּד
rotten	רָקוּב	diligent	חָרוּץ
broken	שָׁבוּר	important	חָשׁוּב
guarded, kept	שָׁמוּר	salted	מָלוּחַ
		busy	עָסוּק

19) Form □ָ□וֹ□ (*ms*); the □ָ becomes □ְ for *fs, mp,* and *fp.* (□ֲ for gutturals).

low	נָמוּךְ	grey	אָפוֹר
holy	קָדוֹשׁ	high, tall	גָּבוֹהַ
near, relative	קָרוֹב	big, great	גָּדוֹל
far	רָחוֹק	right, correct, true	נָכוֹן
black	שָׁחוֹר		

20) Adjectives in which the □ֹ of the second letter (*m.s.*) becomes a □ֻ in the three other forms.

Also, same as 15-19.

blue	כָּחֹל	red	אָדֹם (אֲדֻמָּה, אֲדֻמִּים, אֲדֻמּוֹת)
sweet	מָתוֹק	long	אָרֹךְ
naked	עָרֹם	green	יָרֹק (יְרֻקָּה ...)
yellow	צָהֹב		

C. VERBS:

21) Verbs with future "a" (□ַ) and imperative "a" (□ַ).

open	פתח	choose	בחר
laugh	צחק	flee	ברח
shout, scream	צעק	save, redeem	גאל
wash	רחץ	worry	דאג
ask	שאל	shine	זרח
forget	שכח	sow	זרע
send	שלח	drown	טבע
		be angry	כעס
dress, wear	לבש	drive	נהג
learn	למד	forgive	סלח
ride	רכב	fear	פחד
lie in bed	שכב	act	פעל

22) ל״א verbs.

carry	נשא	create	ברא
read, call	קרא	sin	חטא
hate	שנא	go out	יצא
		find	מצא

23) ל״ה verbs.

do, make	עשה	bake	אפה
save, deliver	פדה	cry, weep	בכה
buy	קנה	build	בנה
happen	קרה	be	היה
see	ראה	win	זכה
want	רצה	live (life)	חיה
swim	שחה	make a mistake	טעה
drink	שתה	go up	עלה
hang	תלה	answer	ענה

24) ע״ו – ע״י, verbs.

hunt	צוד	come	בוא
fast	צום	live, dwell	גור
rise, get up	קום	fish	דוג
run	רוץ	move	זוז
return	שוב	fly (plane)	טוס
quarrel	ריב	die	מות
put	שים	rest	נוח
sing	שיר	move	נוע
		fly (bird)	עוף

25) פ״י verbs.

go down	ירד	know	ידע
sit	ישב	go, walk	ילך (הלך)
		go out	יצא

26) פ״נ verbs.

take	נקח (לקח)	touch	נגע
carry	נשא	plant	נטע
kiss	נשק	travel	נסע
give	נתן	fall	נפל

27) Abbreviations most commonly used.

U.N.	או״מ = אֻמּוֹת מְאוּחָדוֹת.
afternoon (p.m.)	אחה״צ = אַחֲרֵי הַצָּהֳרַיִם
U.S.	ארה״ב = אַרְצוֹת הַבְּרִית
report	דו״חַ = דִּין וְחֶשְׁבּוֹן
before noon, (a.m.)	לפה״צ = לִפְנֵי הַצָּהֳרַיִם
Staff (army)	מַטְכַּ״ל = מַטֶּה כְּלָלִי
Chief of Staff	רַמַטְכַּ״ל = רֹאשׁ מַטֶּה כְּלָלִי
Army for Defense of Israel	צַהַ״ל = צְבָא הַגָּנָה לְיִשְׂרָאֵל

28) Cardinal numbers (*masc.* and *fem.*; read from right to left).

1	אַחַת	אֶחָד (ז);
2	שְׁתַּיִם	שְׁנַיִם
3	שָׁלֹשׁ	שְׁלֹשָׁה
4	אַרְבַּע	אַרְבָּעָה
5	חָמֵשׁ	חֲמִשָּׁה
6	שֵׁשׁ	שִׁשָּׁה
7	שֶׁבַע	שִׁבְעָה
8	שְׁמוֹנֶה	שְׁמוֹנָה
9	תֵּשַׁע	תִּשְׁעָה
10	עֶשֶׂר	עֲשָׂרָה
11	אַחַת עֶשְׂרֵה אַחַד עָשָׂר	
12	שְׁתֵּים עֶשְׂרֵה שְׁנֵים עָשָׂר	
13	שְׁלֹשׁ עֶשְׂרֵה שְׁלֹשָׁה עָשָׂר	
20	עֶשְׂרִים	
21	עֶשְׂרִים וְאַחַת עֶשְׂרִים וְאֶחָד	
30	שְׁלוֹשִׁים	
40	אַרְבָּעִים	
50	חֲמִשִּׁים	
60	שִׁשִּׁים	
70	שִׁבְעִים	
80	שְׁמוֹנִים	
90	תִּשְׁעִים	
100	מֵאָה (נ)	
146 (m)	מֵאָה אַרְבָּעִים וְשִׁשָּׁה	
167 (f)	מֵאָה שִׁשִּׁים וְשֶׁבַע	
200	מָאתַיִם	
300	שְׁלֹשׁ מֵאוֹת	

1000	אֶלֶף (ז)
2000	אַלְפַּיִם
3000	שְׁלֹשֶׁת אֲלָפִים
10000	עֲשֶׂרֶת אֲלָפִים
20000	עֶשְׂרִים אֶלֶף
1,000,000	מִלְיוֹן

29) Ordinal numbers (*masc.* and *fem.*; read from right to left).

first	רִאשׁוֹנָה	רִאשׁוֹן ;
second	שְׁנִיָּה	שֵׁנִי
3rd	שְׁלִישִׁית	שְׁלִישִׁי
4th	רְבִיעִית	רְבִיעִי
5th	חֲמִישִׁית	חֲמִישִׁי
6th	שִׁשִּׁית	שִׁשִּׁי
7th	שְׁבִיעִית	שְׁבִיעִי
8th	שְׁמִינִית	שְׁמִינִי
9th	תְּשִׁיעִית	תְּשִׁיעִי
10th	עֲשִׂירִית	עֲשִׂירִי
11th	הַ־11	הַ־11
100th	הַ־100	הַ־100
1006th	הַ־1006	הַ־1006